O COTIDIANO NAS ENTRELINHAS

Crônicas e memórias

Dados Internacionais de Catalogação na Publicação (CIP)
(Câmara Brasileira do Livro, SP, Brasil)

Mautner, Anna Veronica.
  O cotidiano nas entrelinhas : crônicas e memórias / Anna Veronica Mautner. — São Paulo : Ágora, 2001.

  ISBN 85-7183-800-3

  1. Crônicas brasileiras 2. São Paulo (SP) – Descrição I. Título.

01-5090   CDD-869.935

Índices para catálogo sistemático:

1. Crônicas : Século 20 : Literatura brasileira   869.935
2. Século 20 : Crônicas : Literatura brasileira   869.935

Compre em lugar de fotocopiar.
Cada real que você dá por um livro recompensa seus autores
e os convida a produzir mais sobre o tema;
incentiva seus editores a encomendar, traduzir e publicar
outras obras sobre o assunto;
e paga aos livreiros por estocar e levar até você livros
para a sua informação e o seu entretenimento.
Cada real que você dá pela fotocópia não-autorizada de um livro
financia um crime
e ajuda a matar a produção intelectual em todo o mundo.

O COTIDIANO NAS ENTRELINHAS

Crônicas e memórias

Anna Veronica Mautner

ÁGORA

O COTIDIANO NAS ENTRELINHAS
Crônicas e memórias
Copyright © 2001 by Anna Veronica Mautner

Ilustrações da capa e do miolo:
Andrés Sandoval
Finalização da capa:
Neide Siqueira

Editoração e fotolitos:
JOIN Bureau de Editoração

Proibida a reprodução total ou parcial
deste livro, por qualquer meio e sistema,
sem o prévio consentimento da Editora.

Todos os direitos reservados pela
    Editora Ágora Ltda.

    Rua Itapicuru, 613 – cj. 72
    05006-000 – São Paulo, SP
    Telefone: (11) 3872-3322   Fax (11) 3872-7476
    http://www.editoraagora.com.br
    e-mail: agora@editoraagora.com.br

Para meus filhos
e netos,
o meu amanhã.

Sumário

Prefácio 9
Introdução 11

ONTEM

   O Chá do Mappin na "cidade" 17
   Do *rendez-vous* ao motel 25
   Rádio 29
   História sem neurose 31
   Aromas e cheiros 33
   Sons que não ouvimos mais 37
   E até se pagava para aprender 41
   Mimos, agrados e lembrancinhas 45
   No grupo escolar 47

HOJE

   Eu e a lei 53
   À mesa: a nova intimidade 57
   Cavalinhos-de-tróia em nossas mesas 61
   Sensação programada 69

Consciência do corpo 71
Adolescência 73
Loucos de rua 77
Solidão na multidão 81
Tabu pra valer 85
O capricho no mundo dos eletrônicos 89
A televisão 95
Dias de comprar e de festejar 97

AMANHÃ

Democracia para os sem-diploma 103
O sobretudo, o saco plástico e o lixo 107
Verde-anil 111

Prefácio

Vim a São Paulo tarde na minha vida. Além disso, a cidade não foi minha única moradia: há anos, venho a cada mês e fico uma semana, às vezes duas.

Levei tempo, portanto, para me apropriar da geografia – física e humana de São Paulo. Numa época, comecei a consagrar meus sábados e domingos a percorrer a pé as ruas do centro. Mas não foi isso que me entrosou. Foi, mais simplesmente, o tempo.

Para que uma cidade seja nossa, não basta conhecer suas ruas e as caras de seu povo. Uma cidade torna-se nossa quando ela funciona como um teatro da memória. Ou seja, quando o desenho de suas ruas se transforma, aos nossos olhos, numa espécie de narração. Há o restaurante onde jantamos com Pedro naquele aniversário em que o primo de Davi etc. Há a esquina onde ficamos aguardando um táxi naquela noite em que esperávamos um telefonema e não conseguíamos voltar para casa a tempo. Há a banca onde compramos o jornal que trouxe a notícia de uma guerra inesperada. E, ao mudarmos de bairro ou de quarteirão, há os percursos pelos quais, em épocas passadas, organizamos nossas vidas – lojas, padarias, banco, botecos, cheiros, barulhos, vozes...

Por mais que o tempo passe e um passado paulista se acumule atrás de mim, resta que não vivi em São Paulo nem minha infância, nem minha adolescência.

As memórias dessas épocas da vida não são as mais fiéis, ao contrário. De certa forma, são as que mais transformam ou traem a realidade. Mas é graças a esse poder de transformação que uma cidade se torna nossa definitivamente. Também é graças a essas memórias, talvez deformadas, que a cidade toma conta de nós e muda para sempre nossa visão do mundo. A janela pela qual temos acesso à realidade pertence à cidade que foi nossa na juventude – mesmo que a gente viaje e passe o resto de nossa vida longe dos lugares de nossa infância e adolescência.

Minha visão da diferença social será sempre filtrada pela misteriosa significação dos aperitivos no Bar Pedrinis de Piazza San Babila, em Milão, no começo dos anos 60. Da mesma forma, a visão da diferença social, para Anna Veronica, é filtrada pela emoção de vir da Lapa e, com ou sem o uniforme certo, tomar chá no Mappin. Ou ainda, a dificuldade hodierna de aprender e ensinar é entrevista por ela a partir da lembrança das professoras que levavam a sério ordem, aplicação e comportamento ou dos aprendizes que pagavam para sua formação. As crônicas de Anna Veronica, em suma, são janelas da memória – janelas sobre o presente.

Agora, para um paulista tardio, como é o meu caso, elas são também um guia precioso. Não porque contariam como era a cidade quando eu ainda não estava aqui – isso é o menos importante. Mas porque mostram como a cidade passada vive no espírito de uma das melhores observadoras de seu presente.

Contardo Calligaris
Psicanalista, doutor em psicologia
clínica, colunista da *Folha de S.Paulo*
e paulista adotivo (e irregular)

Introdução

Sempre fui leitora de crônicas, desde minha infância. Luiz Martins, cronista do *Estadão*, foi meu primeiro ídolo. Lia-o diariamente e mandava-lhe cartas com comentários. Mais tarde, quando mudei para o Rio, descobri novos ídolos nos jornais: Rubem Braga, Pongetti, Elsie Lessa, Paulo Mendes Campos, Fernando Sabino, Sérgio Porto, Carlinhos de Oliveira, Nelson Rodrigues e outros. A era Juscelino foi gloriosa para a produção de crônicas, se bem que o Rio desde sempre teve quem lhe cantasse a beleza e enaltecesse o jeito de viver. É o que encontramos em Machado de Assis, João do Rio e outros tantos.

Será que se pode dizer que cidades bem-amadas propiciam o nascimento de cronistas? Parece prevalecer uma vontade generalizada de não deixar passar em branco o glamour percebido na relação dos homens com a cidade, uma espécie de eternizar eternamente.

Nem todo mundo sabe ou quer escrever. Mas todos vivem e revivem as sensações de seu bem viver lendo como os outros traduziram suas sensações para a escrita. Sem nenhuma exigência de precisão, cada cronista pode deformar – exagerando, omitindo ou distorcendo – o vivido como lhe aprouver. Uma crônica não defende, não argumenta, não prova – *mostra*. Só é proibido dar informações errôneas.

Só *a posteriori* vim a perceber como deformo a percepção do meu tempo cronológico na evocação do passado. Vou vivendo de acordo com a percepção do tempo que deformo. E nunca, nem mesmo os mais próximos, jamais me cobraram coerência neste particular.

Na Lapa (SP), por exemplo, não morei mais que treze anos. Percebo, no entanto, que tudo o que faço e vivo passa, antes de chegar ao meu conhecimento, por uma espécie de lente filtrante que resulta da vida lapeana. A rua Trindade, onde vivi entre os cinco e os dezoito anos, ficou como se fora a retina da minha mente, por onde foram passando minhas experiências de vida. Essa retina é minha, só minha, e cria um mundo só meu.

São tão-somente duzentos e cinqüenta e quatro metros onde interagiam "pizzaiolos", dentistas e oculistas, manicures e ópticos, camelôs e passantes habituais. Não me restou de lá nenhum amigo, apenas uma das tais lentes pela qual olho o mundo.

No Rio de Janeiro, então, não morei mais do que dois anos e meio. Mas também fez-se lente, colorindo com cores da década de 50 tudo o que vou vivendo. A sensação que tenho é de ter vivido mais de metade da minha vida entre a Lapa e o Rio, quando na ponta do lápis não chega a mais de dezesseis anos.

Mas o que Lapa e Rio tiveram em comum para mim? A primeira coisa que me ocorre é atribuir isso tudo ao jeito que se vivia nesse lugar. Misturavam-se residências, artesãos, comerciantes. A diversidade reinava. Bastava chegar à porta de casa e já se dava de cara com o mercadinho, a padaria, o açougue, a costureira etc. O nosso viver era muito mais rico do que a pobreza da mera imagem refletida no espelho, que tinham os que moravam nas áreas chamadas de "estritamente residenciais" ou homogêneas. Nos bairros de ocupação mista a diversidade corresponde muito mais ao nosso imaginário e por isso deixa marcas fortes na memória. Parece-me que a evocação, característica da crônica, desabrocha melhor na desordem da diversidade. Aí é gerada uma subjetividade que traz à tona um tipo de tolerância com crítica, que só uma vizinhança heterogênea, porém estável, pode garantir.

A minha rua na Lapa (era minha) está hoje muito diferente do que era, mas foi estável enquanto lá vivi. O meu afastamento e o de outros, o enriquecimento de alguns, a morte de outros, a invasão de filiais de bancos e grandes lojas enterraram o que vivi. Hoje está tudo na minha retina social. Conviviam simpatias, antipatias, competição, inveja, ressentimento, mas elas tinham que ser reguladas em defesa da estabilidade, pois parecia que estávamos lá para ficar.

Não estou chorando leite derramado, porque em outros territórios, de outro jeito, lugares e tribos surgem para ser evocados em crônicas. A Vila Madalena, o Itaim (SP), rapidamente se constituem em novas fontes para a evocação. Em alguns shoppings e em seus entornos, vão se ordenando novos paraísos a serem relembrados.

Em novas formas o heterogêneo e a diversidade compõem a amálgama para a criação dos ingredientes básicos para a criação coletiva de lentes de percepção individuais.

Em São Paulo, a liberdade de escrever subjetivamente está ganhando espaço nos jornais e nas revistas. Todas as revistas semanais têm seus colunistas, novo modo de denominar aqueles que escrevem regularmente com pauta livre em primeira pessoa (explícita ou implicitamente).

A crônica nasce a partir de certo tipo de geografia social que facilita a criação da tradição, do saber e da cultura. O conhecimento é percebido, relatado, passado adiante sem eliminar as deformações das retinas individuais que se beneficiam do desordenado. E assim se fecha o círculo. A crônica nasce de um solo que se pretende conservar.

Estes textos foram redigidos entre 1995 e 2001. Aqui vão evocações e saudades de quem se encanta com o fato de não se sentir estranho. Parece saudosismo mais não é. Vivo hoje olhando o mundo pela retina dos quarteirões de ocupação mista (Lapa e Copacabana) que nada mais eram do que pequenas amostras de múltiplos brasis.

Meu olhar de hoje vem desse tempo vivido, somando-se ao mundo observado e aos livros lidos. Essa mistura é particular de cada um. Não vivi com vistas à publicação. Evocando me transformo, sempre.

Faço um convite à leitura deste conjunto de memórias regidas pela irracionalidade de minha constante transformação.

Ne me quittes pas. Venha comigo.

Por quê? Me faz gosto.

Ontem

O Chá do Mappin
na "cidade"

No meu tempo de ginásio, de 1948 em diante, minha turma costumava se encontrar à toa certas tardes na "cidade", coisa que os jovens de hoje fazem nos shoppings. Vínhamos, cada um de um ponto da cidade, e nos reuníamos sob o grande relógio quadrado do Mappin, na esquina da Xavier de Toledo com a Ramos de Azevedo. Se alguém chegasse atrasado, não tinha importância. O chá ia até as seis e meia e havia a longa vitrine para ir se distraindo enquanto os retardatários não chegavam.

Entre o Mappin e a Light era o ponto final de várias linhas de bonde, inclusive o 14 (Vila Buarque), que me levava e trazia do Mackenzie, onde eu estudava e, o Pinheiros que, depois de dar uma volta, retomaria a Consolação em direção à Teodoro Sampaio. Tinha ainda o Vila Madalena, que se não me falha a memória, foi a última linha de bonde a ser extinta (se não foi a última, estava entre elas).

No outro lado da praça era o ponto final dos ônibus: Lapa-35 e Lapa-36. O Perdizes-37 saía da Praça do Patriarca. O meu ônibus era o Lapa-35. Ao descer dele ocorria em mim uma metamorfose. Eu deixava para trás a Lapa e tudo o que de suburbano ela representava, e desembarcava em São Paulo. De repente, eu também era daqui!

Mas o que eu estaria fazendo, adolescente quase menina, na cidade, num dia de semana, quatro e tanto da tarde, debaixo da marquise do Mappin Stores?

Dali a pouco, junto com as amigas e com muitas e muitas outras senhoras e crianças, entraríamos no *hall* central do Mappin, que na época era discreto e britânico como o Simpsons de Picadilly, aquela loja inglesa em frente à Burlington Arcades. Britanicamente, no Mappin os preços eram escritos com letras bem pequenas, as vendedoras vestiam saia e blusa, compondo um universo *art déco*, aliás, o estilo do edifício do Mappin.

Na época, durante a guerra, nem mesmo era esse o nome da loja, que tinha sido abrasileirado para Casa Anglo-Brasileira. Apesar de o uso da língua inglesa ser permitida, pois a Inglaterra e os Estados Unidos faziam parte do Bloco Aliado, os donos da loja devem ter julgado mais adequado abrasileirar logo o nome. Durante a guerra foi proibido o uso público das línguas faladas nos países do Eixo, nossos inimigos. Depois da guerra o nome Mappin voltou – não mais Stores e sim Lojas. Isso não se deu imediatamente após a guerra, mas nunca se chamou o chá por outro nome que não "o chá do Mappin".

Nos grandes elevadores, de porta dupla, os ascensoristas anunciavam, andar a andar, o que se podia comprar em cada um deles. (Faziam isso dia a dia, ano a ano, como a tradição anglo-saxã mandava.) Finalmente se chegava ao piso do chá. A porta se abria e nós víamos o andar inteiro repleto de mesas cobertas de adamascado branco, cinco ou seis fileiras entre o elevador e as enormes janelas, que iam da Conselheiro Crispiniano até a Xavier de Toledo.

A claridade do grande salão, numa época em que vidros devassados não eram habituais, criava um ambiente branco, imaculado, luminoso, com odores sempre acolhedores. Não tenho certeza se havia música ao vivo. Em certos momentos minha memória registra um silêncio de murmúrios. Tenho certeza de que o chá do Vienense tinha violinos e que mais tarde, quando abriu o Fasano na Barão de Itapetininga, este sim, tinha música, uma pequena orquestra que ficava num mezanino.

O Fasano e o Vienense eram outra coisa; não tinham nada a ver com o Chá do Mappin e seu ar aristocrático. Uma amiga minha, da mais fina extração paulistana, dizia que ao Chá do Mappin se ia com a avó. Ou talvez com a mãe. Era lugar de festa de aniversário de menina-moça. Com as governantas, as moças iam também ao Vienense ou as leiterias. Mas só no Mappin havia um chá completo. Nos outros havia um cardápio com o qual você compunha o seu lanche. Sua escolha denunciava ou a gula e/ou a disponibilidade de dinheiro.

No Mappin tinha-se um universo de igualdade. Vinha tudo para a mesa, para todo mundo, não importa quem fosse o cliente. Era *o chá*, que podia ser chá, chocolate, café com leite, mas *o resto*, era o que vinha nos pratinhos, independia do que você tivesse no bolso ou do que a sua fome pedisse. Empadinhas, canapezinhos, pãezinhos, bolinhos, petit-fourzinhos...

A única diferença ficava por conta da torta que cada um escolhia. Ai, que saudades do tempo em que não existia nada disso em nosso cotidiano caseiro. Ali tinha guloseimas especiais, que só existiam em casas de estrangeiros ou gente muito viajada. Não como os doces das padarias da esquina, onde havia sonhos, pudins de pão, quando muito quindins. As confeitarias eram raras e se concentravam no centro. A Candy, a Holandesa e o Leblon e mais algumas. Esse cenário tornava o Chá do Mappin *exquisit*.

É bom lembrar que naquele tempo, na casa de família, se tomava lanche à tarde com mesa posta, leiteira fumegante e prato com bolinhos deliciosos, açúcar e canela... Cada mãe, cada avó, tinha suas receitas e seus hábitos. Ainda não tinha chegado o tempo da grande mobilidade social da década de 50. Ainda nos mantínhamos fiéis às tradições, e as receitas e os hábitos passavam de uma geração à outra. Cada casa, cada família, tinha e mantinha uma identidade sua.

A difusão dos hábitos domésticos, gerando o que hoje chamamos de "A era da imagem", ocorreu aí, no início dos anos 50, por meio da televisão, do cinema technicolor e das revistas em quatro cores, cada vez mais bem distribuídas pelos quatro cantos do país. Criou-se, então, uma intimidade com o que ocorria dentro das quatro paredes da casa dos outros. Foi nessa época que o mimetismo, antes objeto de vergonha, tornou-se regra. Observava-se e imitava-se.

Isso não quer dizer que um lar fosse estranho ao outro; no fundo éramos todos muito parecidos. O que fazia a diferença era um eterno aperfeiçoar do que devia ser conservado, do que terminava por enxertar sutis diferenças às semelhanças. Mas isso foi pertencendo cada vez mais ao passado.

O Mappin foi sempre um outro mundo, solene, no qual se ia, mas que não se levava para casa. No Chá do Mappin os garçons eram garçons, sempre os mesmos, bem treinados. Havia cerimônia. O Chá do Mappin manteve-se como uma ilha no cotidiano de cada uma de nós, assim como foi especial em relação às outras casas de chá e leiterias.

A geração "Chá do Mappin" tinha seus uniformes, com os quais minimizavam-se as diferenças de classe. O sapato tinha que ser aquele branco com uma faixa colorida, que era vendido no próprio Mappin e só lá. Ou os mocassins das Lojas Clark, lá da rua São Bento.

A camisa desejada era a do camiseiro Serra. Os suéteres eram do tipo garota-soquete: conjuntos de ban-lon, importados, cujas cores deviam combinar com o tom da saia. Se a gente tivesse um Kilt escocês, aí então ter-se-ia chegado ao máximo da realização dos nossos desejos de igualdade e modernidade! Era só o que uma jovem podia querer!

E se em algum aniversário ou no Natal tivéssemos ganho uma Parker 51, de tampa prateada ou dourada (isto já era demais!) aí estaríamos completamente felizes. Não existia Bic, apenas as canetas-tinteiro. O lastex mal estava chegando para encher de inveja os olhos dos que ainda não tinham maiô desse material. Meias de seda, só se ganhava aos quinze anos. Batom também. E a luta dentro de casa para usar salto, meia de seda e pintura antes do dia dos quinze anos perturbava a comunicação entre mãe e filha, gerando muitos conflitos que se contornavam com o passar do tempo. Pois os quinze anos chegavam em dia com muita pompa.

Eram assim as meninas que saíam de suas casas depois do almoço para ir tomar chá no Mappin. Algumas mães entendiam a questão do "uniforme". Outras, não sabiam por que tinham que comprar aquelas coisas em certos lugares, e não em outros, senão as filhas não usavam. Acredito que as mães acabavam cedendo. (E dando início à época das ditaduras populares da moda.)

A minha mãe não tinha nem recursos nem sensibilidade para muitas dessas maneirices. O sapato não foi problema, uma vez que d. Rosa fazia parte daquelas mães cuidadosas que observavam a curvatura do pé e nos fazia usar palmilhas. O sapato do Mappin, para tanto, era perfeito, pois era amarrado no peito do pé. Mas as camisas, a caneta, os fichários... não só ela não entendia, como fazia ouvidos mochos aos meus rogos. Mas para tomar o tal do Chá do Mappin ela não regateava. Não se incomodava que eu tomasse o tal lanche na cidade com as amigas. Deviam ser infelizes as moças que não podiam participar desses rituais, mas eu não me lembro delas.

A gente não ia ao Mappin todas as vezes que queríamos; íamos também às leiterias. Nós mesmos, sem saber, cuidávamos em manter solene a gala do ritual do Mappin. Uma coisa era tomar chá no Mappin, outra coisa era tomar lanche na cidade. Aí vinham as leiterias: a

Campo Belo, a Ipiranga, a Americana. Esses lanches também constituíam um belo programa, também eram instituições cada uma à sua moda. Também eram desejados, mas solene mesmo, só um.

Gostaria de registrar outro aspecto dessa solenidade. Nós, meninas do bairro, filhas de imigrantes que não tínhamos acesso permanente ao mundo do Centro e dos Jardins, tínhamos, entretanto, um ou outro ponto na cidade, onde podíamos antegozar a nossa ascensão social por vir. Essa função era exercida por algumas lojas, pela Biblioteca Municipal, por certas livrarias, pela Cinemateca, e também pelo Chá do Mappin. Nós sabíamos que estávamos adentrando um mundo em que nossas mães ficavam desconfortáveis. As livrarias estavam ali para nós, assim como as outras instituições. Era um terreno que íamos conquistando.

Esses pontos do centro tinham algo do espírito das cidades praianas, um espaço onde os jovens se encontravam bastando ter um uniforme adequado. Na praia seria o maiô e a saída de banho, tão em voga. Os lanches eram do feminino. Quando e se houvesse migração para a Biblioteca, a Cinemateca Municipal, a Cultura Artística, misturavam-se os meninos e as meninas.

A desigualdade se instaurava na hora de voltar para casa. Uns tomavam ônibus para bairros bons, outros para bairros médios, e outros ainda eram apanhados por motoristas particulares. Esse foi o espaço em que se deu uma certa miscigenação, não de raças, mas com certeza de classes.

A minha mãe, por exemplo, se sentia muito mais à vontade me levando à Clipper fazer compras, mas ia ao Mappin também. As lojas de departamento sempre tiveram esse caráter democrático. As lojas finas da Barão, estas eram só para alguns. A gente nem olhava as vitrines direito. Era o tempo em que engatinhavam ainda as primeiras butiques. Acho que uma das primeiras foi a Rastro, do Aparício, lá na rua Augusta.

Além da Clipper, havia a Drogadada e a Salada Paulista, verdadeiras instituições. A Drogadada nos introduziu ao liquidificador e às misturas de frutas. Esta bebida recebeu entre nós o nome de "vitamina", o nome que tem até hoje, uma vez que no Brasil nasceu no balcão em frente de uma *farmácia*. Ainda não existia hambúrguer, mas o cachorro-quente ia ganhando espaço pela mistura da influência alemã e americana. Os salões de chá, as leiterias, foram dando lugar a outro tipo de bar... e tudo mudou. Na década de 1950, o *american way of life* dá início ao fim da influência européia. Passamos a imitar tudo o que víamos no cinema. O tempo passou e começamos a bater papos rápidos, agora sentados em bancos altos nos balcões onde se serviam vitaminas e sanduíches variados. Saiu a Inglaterra e entrou a América. O cinema foi ocupando cada vez mais espaço na vida de todos. Era nossa janela para o mundo, à qual se juntou à revista *O Cruzeiro*, que na época conseguia uma circulação que revista nenhuma tem facilmente até mesmo hoje: mais de 700 mil exemplares semanais.

Os repórteres de *O Cruzeiro* viajavam mundo afora para nos proporcionar a foto do casamento de Grace Kelly ou da coroação da rainha Elizabeth. Mas a "janela para o mundo" mais disputada era a dos Estados Unidos, onde havia tudo o que queríamos imitar.

A imitação é aptidão sem a qual a mobilidade social – vertical ou horizontal – não ocorre. Ela é necessária tanto na migração interna – adaptar-se ao novos mundos – quanto na ascensão social, em que temos que assimilar, fora de casa, novos hábitos que até então se aprendia no convívio com a família. Os meios de comunicação de massa – rádio, a incipiente televisão e o cinema – vão substituindo a tradição caseira. Transforma-se a condição da mulher. Suas funções de educadora, como mãe, são absorvidas pelo *mass mídia*.

Em minha vida, o Chá do Mappin não foi um lugar para aprender coisas a serem levadas para casa. Era um modelo de futuro. O Chá do Mappin era um fenômeno em si. Que ficava lá, não migrava. Na minha casa, mandava a minha mãe. O cardápio da semana era engendrado por ela, ou pela empregada, ou pela diarista. Fosse quem fosse, mas era *dentro* de casa que nascia o jeito da casa.

De repente, os olhos passam a mirar a vida de outrem – personagem de histórias, reportagens, filmes. E olhávamos agora não apenas para usufruir, mas para copiar. Triste esse processo de descaracterização que não atingiu apenas os jovens, mas especialmente as mães que também foram atacadas pelo mesmo vírus.

A sensação de missão a cumprir que a mulher tinha, mantendo e aperfeiçoando o *savoir vivre* de sua família, é substituída por uma imitação inespecífica e impessoal. Dilui-se a função da mulher no lar, ela não preza mais como antes a sua função de transmissora de um jeito de viver. Não era mais ela quem lidava com o cotidiano como se ele fora sagrado. De pessoa encarregada de manter e conservar, ela passa a ser aquela que percebe, imita e transforma. A mulher começa a ser mais moderna, e este traço passa a ser visto como desejável e positivo. Passamos assim, como membros da família, do domínio de mulheres que tinham o dever de conservar – manter sagrado o sagrado – para mulheres tanto melhores quanto maior aptidão para mudanças mostrassem ter. Mãe boa, então, é aquela que evolui com os tempos, aprende com o *mass mídia*. E por esses meandros o cetro de conservador passou para os homens.

Nossa tarefa atual, portanto, é criar filhas capazes de conservar e transformar, junto com a sociedade.

O Chá do Mappin não mais existe. Hoje o pãozinho de minuto é especialidade das novas mulheres que estão redescobrindo o mundo de suas avós, mas não para entronizá-lo como único: o hambúrguer, o quibe, o taco, os doces portugueses, as tortas austríacas, os sushis e... também os pãezinhos de minuto da vovó.

Do *rendez-vous* ao motel

Não pense que seja necessário passar a vida freqüentando *rendez-vous* para poder descrever uns tantos com pseudofamiliaridade. Conhecendo alguns poucos, mais a ajuda de amigos e conhecidos, e tendo se lido romances e novelas, a gente dá conta.

Na França, *rendez-vous* quer dizer encontro. Crianças, velhas, senhores, todos marcam *rendez-vous*, e isso tem tanta malícia quanto um encontro qualquer no nosso bom e rico português. Para nós, o *rendez-vous* foi um lugar designado para o exercício do sexo clandestino. Hoje ninguém mais usa esta expressão porque o motel praticamente ocupou o seu lugar. Não sei quem inventou o motel, mas sei que ele veio substituir parcialmente os hotéis de alta rotatividade, onde a "mulher direita", não podendo entrar, ficava restrita a escurinhos perigosos.

Nesses lugares, ia o homem direito, porque o homem sempre é direito até prova em contrário, com uma mulher que podia até não ser prostituta, mas não era de todo respeito.

Os *rendez-vous* eram lugares tristes. Lembro de alguns no centro, denominados lugares de alta rotatividade ou treme-tremes. Era tudo à meia-luz. A Eletrobras ficaria feliz se vivêssemos na penumbra existente nesses locais, que, de tão sombrios, pareciam sempre desconhecidos e onde a paixão era descarregada com alguma pressa, mesmo que lá se fosse passar a noite inteira. Era limpo, mas a água era de pingo, as toalhas nunca novas, roupas de cama quase esgarçadas.

Se o cavalheiro – solteiro ou casado, não importava – pudesse arcar com um gasto fixo a mais em seu orçamento, alugava quarto em casa de viúva remediada em prédio decente onde qualquer mulher podia entrar. Finalmente um lugar para ela. Não era muito diferente de um motel. O quarto era do cavalheiro, e o apartamento pertencia a uma mulher de meia-idade. Isso valia não só para São Paulo, mas também Lisboa, Nova York e Budapeste. Mesmo se a mulher visitante não fosse direita, tinha que se comportar como tal. Essa movimentação dentro do apartamento fazia parte da vida secreta das solitárias anciãs. A senhora abria a porta, o casal recebia um jogo de roupa de banho no hall mal iluminado e se retirava. Imagine a cena em sépia.

Se fossem mais ricos, os jovens universitários podiam alugar uma quitinete ou um quarto-e-sala, dependendo do temperamento, do estilo e da mesada. Aqui a qualidade do amor mudava. Podia ser amor juvenil ou dolorosas paixões impossíveis. O lugar podia ser elegante, luxuoso ou asséptico, mas a discrição era ingrediente imprescindível em toda esta série de espaços e endereços para amores proibidos.

Não era simples escolher um *rendez-vous*. No treme-treme, senhoras de boa família temiam ser vistas ao entrar ou topar com conhecidos no corredor. O quarto no apartamento das velhas senhoras, a quitinete, o ninho elegante dos ricos, tudo era parte da vida secreta das mulheres e motivo de orgulho dos homens que podiam se permitir tais coisas.

Já o motel é um espaço de múltiplas finalidades. É o esconderijo do casal *gay*, de quaisquer duas pessoas que acabaram de se conhecer.

É o endereço do amor liberado onde se desvirgina a vizinha, se trepa com a cunhada, namora-se a noiva, e às vezes, quem imaginaria vinte anos atrás, comemoram-se bodas de prata ou de ouro entre espelhos e piscinas Jacuzi. Antigamente uma mulher se orgulhava de nunca ter estado num hotel de alta rotatividade ou num *rendez-vous*. Hoje, confessar que nunca se foi a um motel é quase confessar-se mal-amada, pois o marido não a levou ainda.

Quando muda o *status* das pessoas, também muda o endereço dos ninhos em que o amor ocorre.

Nos bairros e no interior, era no portão, nas sombras de figueiras e castanheiras que as virgens tornavam-se *demi-vierges*. Era o amor sem penetração, quando o clitóris ainda tinha sua dignidade. Nos bairros operários, os longuíssimos paredões beirando as estradas de trem foram cenário de concepção de muitas criancinhas.

A pílula seguramente diminuiu o perigo, desenvolveu novos endereços e deu *status* de dignidade ao prazer.

A título de curiosidade, vou contar uma historinha: no bairro do Castelo (Rio), em frente à Filosofia da Universidade do Brasil, tinha um enorme quadrilátero de prédios que ocupava quatro ruas. Num desses prédios morava Manoel Bandeira num pequeno apartamento. Sua cama era colocada de forma a que enxergasse, permanentemente, o Pão de Açúcar. Já idoso, ficava deitado, escrevendo ou lendo, sobre uma espécie de porta-bílbia que punha sobre a barriga. Para não precisar levantar para abrir a porta, ele a deixava aberta. O apartamento diretamente ao lado do seu era um *rendezvous* de três homens grandes, ricos e poderosos.

O danado do Bandeira, de sua cama, controlou por anos essas vidas secretas. Uma das moças, que esperava sempre um eterno atrasado, acabou tornando-se musa inspiradora do nosso grande poeta.

Muda o sentido do amor enquanto mudam os endereços, e instaura-se certa forma de liberdade. Do portão, moita e paredão até bodas de ouro em motel não se passaram mais do que quarenta anos. Mas ainda se faz amor no portão e os treme-tremes ainda estão lá. Só não sei se as velhinhas continuam fazendo seu "bico" tranqüilo como as de antigamente.

Rádio

O mundo alcançou as mulheres dentro de suas casas pelas ondas do rádio antes mesmo que elas saíssem em massa para o mundo.

Antes de participar plenamente da força de trabalho, a mulher tinha um tipo de produção artesanal no qual predominava o clima familiar. Bordadeiras, manicures, cabeleireiras, costureiras, tricoteiras, doceiras etc. trabalhavam em espaços pequenos, muitas vezes em volta do rádio.

Era um tempo em que os homens se orgulhavam e as mulheres se sentiam prestigiadas em poder parar de trabalhar ao casar. "Mulher minha não trabalha fora." "Moça não precisa estudar. Quando casar, pára de trabalhar mesmo." Grande concessão era feita ao lecionar, porque eram poucas horas por dia acompanhando a vida escolar dos filhos em matéria de férias e feriados. "Assim que meu marido melhorou de vida saí do serviço", dizia-se com orgulho.

Rádio Difusora, dezesseis horas. Uma voz lê cartas de ouvintes, seguidas pela voz grave de madame D'Anjou respondendo, sugerindo soluções para conflitos humanos. Escreviam de todo Brasil. Em torno do rádio, em cada casa, oficina ou loja, fazia-se silêncio para ouvir as bem pensadas palavras de madame D'Anjou ou os diálogos das novelas que se seguiam. O silêncio que ressoava não representava respeito a algo sagrado ou divino. O rádio nunca foi um oráculo. Era tão-somente a voz do outro. A descoberta da alteridade sem trocas.

O rádio foi celeiro de onde saíram grandes atores e autores: Cacilda Becker, Ivani Ribeiro, Walter Avancini, entre outros. A voz do rádio não nos instigava nem ao comodismo nem à revolta; apenas conscientizava de que fazíamos parte do mundo. *A posteriori*, podemos perceber a importância desse fenômeno, provavelmente o embrião da revolução sexual e do feminismo que veio em seguida.

De início, a entrada das mulheres no mercado de trabalho teve caráter individual, cada uma fazendo sua revolução pessoal dentro de sua família. Não fora as igrejas (que sempre existiram) e o rádio, as mulheres não teriam tido contatos significativos entre si, sem os quais os anseios não repercutiriam. O rádio foi, para as mulheres, o mais importante instrumento laico de conscientização da cidadania. Por não ser interativo, não interferia nas tarefas caseiras ou artesanais, mas ia trazendo o mundo para dentro de casa e atiçando a vontade de *re-*agir.

Quando o rádio surgiu, a língua portuguesa "brasileira" já era o que é, com raros e frágeis similares de dialetos, de norte a sul. Coube ao rádio apenas sacramentar e impedir excessos de regionalização. Os ídolos musicais, conselheiros sentimentais, programas humorísticos e novelas tiveram relevância na homogeneização de uma mentalidade e de um estilo que podemos chamar de "brasileiro". Apresentando os mesmos repertórios do Oiapoque ao Chuí, as rainhas e os reis do rádio homogeneizavam sem parar, a partir do centro de irradiação que era a capital federal, Rio de Janeiro. Ali estavam não só as grandes transmissoras, mas também as grandes editoras de revistas, que divulgavam a imagem daqueles de quem só conhecíamos a voz.

A invasão repentina e profunda do mundo para dentro dos lares e das oficinas, onde estavam as mulheres, curiosamente não despertou o ódio, a censura ou o temor que, décadas depois, a chegada da televisão provocaria. O rádio chegou, dominou e continua dominando (pergunte a qualquer político). Pense em quantas mudanças podemos atribuir a ele, que mais não seja, quanto à posição e o poder da mulher na sociedade. Isso já é bastante e muito. Pois ainda é a ela que cabe a criação dos filhos e o estilo de vida da família.

História sem neurose

A rua tinha 254 metros e ficava na Lapa (SP). Bondes e ônibus passavam por ela. E pelos fundos do lado par passavam os trens da Santos–Jundiaí e da Sorocabana. Entre o trem e o muro das casas estava o que nós, crianças, chamávamos de campinho. Cheio de pés de limão francês.

Quando a Segunda Guerra (1945) acabou, a industrialização cresceu e o campinho virou favela. A violência não aumentou de imediato. Talvez tenham aparecido mais ratos.

Lá pelo número 90, tinha uma relojoaria. Na vitrine empoeirada cheia de aneizinhos de pérola e rubi, correntinhas com medalhinhas e alguns relógios. O forte era o conserto de relógios, o ofício que o imigrante italiano trouxera de sua terra.

Eram quatro moças e dois moços, os filhos do relojoeiro. Os moços eram obesos, se usarmos a linguagem contemporânea. Naquele tempo eram dito fortes, e isso não era pecado. As moças dividiam-se em duas casadas e duas solteiras. As solteiras moravam junto, com a mãe e o pai, no sobrado no fundo da relojoaria.

Uma delas eu nunca vi. Quando se falava dela, dizia-se, simplesmente, que ela não gostava de sair. E quem não gostava de sair, não saía. Pronto. Ela cuidava da casa junto com a mãe e a outra irmã solteira. A mãe também não me lembro de ter visto muitas vezes.

Thereza era o nome da filha que fazia todas as tarefas de rua. Fazia feira, quitanda, padaria, loja de armarinhos e freqüentava a ópera da Rádio Gazeta lá na cidade. Não era nem gorda, nem magra. Lembro-me de que ela andava depressa. Ia até o cabeleireiro, onde fazia penteado, mas lavava o cabelo em casa. Esfregava a cabeça até o couro cabeludo ficar vermelho-brilhante. Era sua mania.

Das que casaram, uma o fez na marra. O moço tinha lhe "feito mal". Contava-se à boca pequena, mas não sei se é verdade, que ela chegara a ter um filho que morreu ao nascer. Boatos piores corriam de que o nenê teria sido afogado no córrego que passava pelo campinho (insignificante afluente do Tietê que passava ali por perto deixando mau cheiro quando demorava a chover). Mas isso tudo não sei se é verdade.

A história teve final feliz: o moço acabou casando com ela, embora não fosse um casamento adequado. O moço era pobre e ela teve que costurar para fora. Moravam numa ruazinha de casas de porta e janela, parte de uma fileira de casas iguais.

A caçula namorou certo, casou certo, foi morar num bairro mais perto do centro, que significava uma pequena ascensão social. O marido enriqueceu consertando gasogênio (um trambolho que ficava atrás do porta-malas do carro, que substituía a gasolina durante a guerra). Ele subiu na vida e ela não quis ou não conseguiu acompanhá-lo. Separaram-se.

Vinha todos os dias com um carro rabo-de-peixe cor-de-rosa (não é piada não) visitar a mãe junto com seu único filho. Isso continuou mesmo depois que o marido a trocou por outra. Para ela, a ascensão de mudar para outro bairro já tinha sido suficiente. Ela nunca deu o desquite. O resto eu não sei.

Era essa a história de uma família que hoje seria considerada muito neurótica. Uma irmã com síndrome de pânico (a que não saía de casa), outra vista como perversa (capaz de se desfazer do filho), outra com mania de limpeza e hiperativa (com o seu couro cabeludo brilhante e excesso de tarefas) e a outra sociofóbica (incapaz de desgrudar da mãe e do pai). Os moços obesos (um solteiro e o outro casado, mas sem sair da relojoaria do pai) teriam outra designação psiquiátrica qualquer.

Bons tempos aqueles em que as pessoas desconheciam a nosologia psiquiátrica, em que as pessoas não tinham que sofrer mais do que sofriam. Ou será que eram maus tempos, em que não podíamos aliviar aquelas dores que, por não terem nome, ficavam sem tratar? Tão diferente de hoje...

Esta história não tem diálogo. Eu não falava com eles. Eu só olhava e escutava. Eu tinha pouco mais de treze anos quando me afastei daquela vizinhança.

Aromas e cheiros

As cidades, os bairros, as regiões e os quarteirões sempre tiveram seus cheiros peculiares. Perto de uma torrefação, o ar é tomado pelo café que torra. A padaria também tinha seu lugar, assim como nas proximidades das fábricas de biscoitos, todos salivávamos. Cada aposento da casa tinha seu aroma e ainda variava de acordo com o horário e dia da semana. No dia da faxina, aquele inconfundível cheiro de faxina. Desde o portão íamos sabendo o que tinha acontecido durante o dia. Que delícia o cheiro de casa no dia da faxina. E às quatro da tarde, quando em quase toda a casa se fazia bolo, pudim ou biscoito?

Durante doze anos fui acordada, às seis da manhã, pela voz da minha mãe me chamando, pelo cheiro de pão fresco e pelo aroma do suco de laranja que minha mãe não deixava faltar. O bonde, movido a eletricidade, era ruidoso, porém inodoro. Quando tomávamos o bonde, os aromas da casa iam ficando para trás. Quando partia em direção à praça do Correio começava o itinerário aromático. Primeiro o cheiro da padaria da Doze de Outubro, na Lapa que invadia o bonde inteiro. Entre as ruas Trindade e Guaicurus, passávamos por um córrego que exalava de forma diferente conforme a chuva e a seca. Esse córrego tinha seu ponto final no Tietê a poucos metros dali.

O próximo aroma vinha da Torrefação de Café Tiradentes. A este paraíso olfativo, que não durava mais que alguns minutos, seguia-se um vácuo que também não durava muito, sendo substituído pelas ondas de odor fétido e pegajoso das matérias-primas usadas para a produção de sabão e óleo pelas Indústrias Reunidas Francisco Matarazzo.

O mau cheiro vai rarificando porque aproximamo-nos do Parque da Água Branca, cujos estábulos e jardins davam a impressão de nos mergulhar numa fazenda. Do outro lado da avenida estava a madeireira Eucatex, que completava a sensação de fazenda.

Íamos chegando a Perdizes, bairro residencial onde cada casa tinha suas flores, sua rotina e sua culinária. Esses aromas individuais perdiam-se no transporte coletivo. Mas se fizéssemos o caminho a pé, iríamos sentindo o cheiro das roseiras, da calda de açúcar, da carne assando, do bolo no forno, da baunilha e da canela...

Uma amiga minha que fazia o trajeto "Brooklin–Colégio Bandeirantes" também se sente capaz de refazer o itinerário aromático do bonde "Santo Amaro–Praça João Mendes" que ela tomava todos os dias.

Padarias, pizzarias, pastelarias e docerias continuam até hoje marcando território. Mas os carros e os ônibus (os bondes não existem mais) nos isolam dos cheiros da cidade como se existisse uma barreira.

Cada itinerário olfativo é uma riqueza de nossas memórias. Quando descia a pé do Mackenzie até o largo Santa Cecília, pela rua Veridiana, passava pela Santa Casa, que exalava álcool e éter. Outro dia, passando por lá, não encontrei aquele cheiro. Terei perdido o olfato? Ou a desinfecção é feita com outras substâncias?

Hoje são tantas as fontes de cheiro, que até damos o nome de poluição, que é coisa ruim. Os itinerários olfativos devem continuar a existir, mas é mais difícil reconstituí-los. Dos trens a vapor vinha o odor de madeira queimada. As carroças e charretes espalhavam o cheiro do suor do animal e do carroceiro. Tudo misturado com o cheiro de esterco. A partir dos anos 60 a indústria automotiva tirou o bonde, a carroça e a charrete das ruas, deixando o ar menos perfumado.

Descer qualquer transversal da rua Cubatão era aproximar-se de uma nuvem de perfume de eucalipto. O eucaliptal, pelas mãos de Niemeyer e Burle Marx veio a tornar-se o Parque Ibirapuera.

Cochichava-se que axilas maltratadas exalavam, até que foi lançado Lifeboy, que prometia eliminar o "cê-cê". Sabem o que é isso? Cheiro de corpo. E os odores naturais da madeira, o chulé, da fábrica de biscoito ao estábulo, foram sendo substituídos pelo emprego de substâncias industrializadas para a higiene pessoal.

Vamos nos isolando cada vez mais dos aromas naturais do mundo, da natureza, e também dos que criamos em nosso trabalho. Sabonetes, colônias, desodorantes, cremes tornam-se o cheiro e o aroma que nosso nariz e bedelho encontram. A globalização olfativa já tem pelo menos cinqüenta anos. Entramos em contato primordialmente com aqueles odores que nós mesmos fabricamos. Ao evitarmos os fedores, perdemos muitos cheiros.

Dos nossos cinco sentidos, o olfato é o que me parece estar passando por maiores transformações, apesar de não ser muito citado. Não ouso dizer que ocorre uma atrofia do olfato. Mas ousaria associar essa preguiça olfativa, provocada pela industrialização do cheiro, a certas disfunções respiratórias.

P.S.: Não sei se corresponde à verdade o que digo no final, mas vale a pena pensar no assunto.

Sons que não ouvimos mais

Passando os olhos pelo pomar, fixo um pé de mexerica. Aproximo-me, escolho uma que me parece mais madura e, com uma forcinha de nada (garantia de que já está no ponto, de que acertei na escolha) – "ploc" –, eis um buraquinho na casca, a fruta já separada do seu caulinho, seu cordão umbilical. Madura, como tudo indica, tirar a casca vai ser fácil. De cada gomo chupado, só o barulhinho de cuspir o caroço. Assim acontece com o pêssego, a nêspera, a laranja, a lima. Com todas as frutas de casca grossa.

Já a pitanga e a amora saem da árvore em silêncio. É só o "pluft" de cuspir o caroço longe. A jabuticaba é um caso à parte. Além de ser nossa, só nossa, aqui do Sudeste, é tão bonitinha grudada nos galhos, mas ela tem cabinho sim, só que bem fraquinho. E seu primeiro barulho vem de dentro da boca – "ploc". É isto que Monteiro Lobato descreve, nos deixando com água na boca quando conta a chegada de Pedrinho para passar as férias no Sítio do Pica-Pau Amarelo. É "ploc" e "pluft" para cuspir a casca.

E o "tic-tic-tic" do galho da folha da parreira que a gente ia mordendo e sugando o azedinho? Toda criança que morava em casa com quintal parecia nascer sabendo que goiaba verde dá dor de barriga, que mancha de amora não sai. Aliás, goiaba, amora e pitanga eram pragas. Marcavam as estações conforme apareciam nos quintais e campinhos. Para criança não havia primavera e verão. Tinha, isso sim, tempo disto, tempo daquilo.

Em lugar úmido, a noite era anunciada pelo coaxar dos sapos. E tinha também o barulhão das cigarras, dos besouros, das abelhas, dos grilos e vaga-lumes atravessando a garoa. Aliás, alguma coisa da cidade grande matou a garoa. Não sei o que é. Terá sido o concreto? O orvalho ainda existe, mas só para quem tem quintal com mato e grama.

De vez em quando, parecia que todos os cachorros machos do mundo se desvencilham de seus cercados para correr atrás e em volta de alguma gloriosa cadela no cio, que, como manda o instinto, se faziam disputar. Soubesse eu filmar, perpetuaria, antes que desaparecesse, a aflição dos machos e os dengos das cadelas. Lembro-me do abanar do rabo, do movimento das ancas. De repente ela se sentava e aí todos paravam. Ela levantava altivamente a cabeça, olhava para trás, para verificar se eles continuavam no seu encalço. Essa celebração da natureza é própria a todos cães, mas privilégio dos vira-latas.

Nas regiões mais centrais, hoje em dia os moradores escolhem cachorros de raça que, superprotegidos, não têm chance de se libertar das coleiras que reprimem seus instintos. Os *pet-shops* fazem as vezes de casamenteiros. A falta de fêmeas desespera os donos de macho com pedigree, mas são eles mesmos que escolhem os machos na hora de comprar. Quando crescidos, eles vão demonstrar francamente a falta que as fêmeas lhes fazem abraçando as pernas das visitas. Presos às suas coleiras, é impossível a estes infelizes mimados saírem atrás das fêmeas.

E então, depois que os humanos combinam o casamento, a fêmea é levada para a casa do macho, para que ele não estranhe e o acasalamento não deixe de acontecer. Tudo ocorre sob os olhares da família nas pequenas áreas de serviço das modernas residências.

Com os gatos é diferente. Ai de quem ouse trancar uma gata no cio. Ela é que não vai ficar quieta. Não são só seus donos que não vão dormir, mas no mínimo o quarteirão todo.

Antigamente havia também as sirenes das indústrias que anunciavam a hora do almoço; o som das sirenes faziam o papel de relógio. Regulavam bem a vida da gente. A sirene da fábrica de tecido foi até cantada em samba.

As crianças, e até os adultos, tinham uma coisa que vai ficando rara no mundo e que gerava muitos sons: a aflição. Era com minhoca, com taturana, com sapo, com lesma, com barata, com rato, gerando muitos ais e uis. Hoje se desratiza, se descupiniza. E fica inseto pra lá e gente pra cá.

Os madrugadores, enquanto escovavam os dentes, tinham que juntar uma série de indícios, olhando pelos interstícios da janela, para deduzir que tipo de dia ia fazer: quente, frio, com trovoada ou com chuvisco. Isso era importante para escolher a roupa. Cada um era seu próprio serviço de meteorologia. Falo de uma São Paulo cimentada, de ruas de paralelepípedos, e não de fazenda ou sítio. Havia muita sabedoria no eterno diálogo entre as gerações. Os mais velhos nos enfronhavam na dança dos sons, gestos e outros sinais que ocorriam entre o homem e a natureza. Hoje a natureza fica ao longe, e usamos indicadores mecânicos: termômetro, noticiário de rádio e de televisão, jornal... e a velha sabedoria fica com o nome de superstição.

E vai reinando entre nós e o restante da criação um silêncio cada vez maior. Os inseticidas matam os insetos, o veneno mata os ratos, nossas unhas não espremem mais a pulga ou o piolho. Adeus "clic", barulhinho gostoso. Os mosquitos não morrem mais no tapa, nem as baratas ao toque do chinelo. Só se põe o pé no orvalho nas férias. Que saudade daquelas gotinhas de temperatura invejável! Nem quente, nem morno, nem gelado. Será que é isto que é o tépido?

E até se pagava para aprender

Era vendo profissional trabalhar, era imitando-o, praticando, que se aprendiam os ofícios. Não pegava mal ficar alguns meses pagando ou ajudando – de graça – para poder aprender. Imagino que no interior, bem longe das grandes cidades, ainda tenha vigência essa forma de aprender ofício. Os filhos dos profissionais, quando resolviam seguir o caminho dos pais, passavam por um processo quase paralelo ao dos aprendizes. Era o jeito que se sabia ensinar e aprender.

E ela entrou de mãos dadas com a mãe num dos três salões de beleza do bairro. O escolhido pela mãe para que Raquel, uma menina de treze anos, começasse a se familiarizar com o ofício de cabeleireira, ficava na rua principal: era o salão Martim.

Talvez existisse alguma discussão sobre o preço que a aprendiz pagaria pelo privilégio de ficar aprendendo só com os olhos. Mas o esquema de pagamento em si não era discutido. Nos primeiros meses, Raquel seria de bem pouca utilidade no salão. Não passaria pela cabeça de ninguém colocar em mãos inexperientes, a cabeça, as mãos ou os pés de uma freguesa. No começo a aprendiz só olhava enquanto limpava e arrumava para não ficar parada como tonta. Assim aproveitava para se familiarizar com os instrumentos, todos eles, limpando as gavetas, os pentes, tesoura, ferro de enrolar etc. Num segundo momento, a aprendiz instrumentava. Isto é, entregava o ferro, segurava o líquido da permanente ou da tintura, entregava grampo para o oficial-maior, o cabeleireiro. Acredito que nesse ponto, quando já tinha passado cerca de quatro meses, é que começava a preparar cabeças para o cabeleireiro, isto é, colocava capa e toalha, redinha, secador, agora bem mais perto da freguesa. Então, acredito, parava de pagar. Começava a ficar de graça. Depois de mais alguns meses, quando já tinha lavado a cabeça de todos os colegas e vizinhos, é que começava a lavar o cabelo de freguesas. Até chegar a cabeleireira com freguesia própria, por mais talento que tivesse, levava muito tempo.

Mas não era só nos salões que a coisa funcionava assim. Já pensou navalha de barbeiro na mão de principiante? Tesoura de corte deixando buracos no cabelo? Manicures tirando bifes? Aprendiz de costureiro estragando panos? Ocorria nas oficinas de costura, nas sapatarias, alfaiatarias, oficinas mecânicas, padarias, confeitarias. E era assim também com as caixeirinhas das lojas de bairro ou da cidade.

Descrevo o que ficou gravado na minha memória. Esta me diz não ser desdouro pagar para aprender. Esse jeito de transmitir habilidades foi sumindo, sem barulho, sem data de morte.

Hoje, quando alguém trabalha de graça, conta sobre o seu sacrifício insinuando que deveria ter sido pago e que o patrão fora injusto, ou mesmo quando não o faz, usa a gratuidade para mostrar o quanto se esforça para se tornar um profissional disto ou daquilo.

O estágio gratuito praticamente só aparece nas profissões muito disputadas, como publicidade, jornalismo, televisão, rádio etc. É só nos ofícios glamourosos que se investe para conseguir um espaço para começar.

Esse jeito de entrar no mercado de trabalho foi substituído pelo ensino nas escolas técnicas que surgiram na era Vargas. O ministro do Trabalho, Marcondes Filho, pôs tudo de cabeça para baixo com a Consolidação das Leis do Trabalho (CLT). E essas regras espontâneas de aprendizagem, que até então floresciam em cada oficina artesanal, foram caindo em desuso. As primeiras escolas técnicas despontavam na década de 40. Até hoje, mais de sessenta anos depois, apenas as aptidões são mal e mal transmitidas pelo Sesc, Senac e Sesi. Tenho a impressão de que o treinamento realizado nessas instituições, até hoje, não consegue suprir as necessidades do mercado.

Eu sei que se pretendia formar operários nas várias escolas técnicas. Vivi também a esperança embutida nos projetos de Vargas. Mas de algum jeito o capricho e o cuidado pessoal, presentes na formação de cada futuro profissional, perderam-se. Nas oficinas predominava um clima afetivo, quase familiar, em que o erro era natural e corrigido de forma amorosa.

O que sei de hoje em dia é que, com cada vez maior freqüência, mesmo nos melhores salões de beleza, não raro caio nas mãos de um inexperiente aprendiz que me dá um belo banho, sem contudo tirar o sabão do cabelo. Também não é raro o encanador que não conserta, o pintor de paredes que deixa tudo manchado, isso para não falar do perigo de um eletricista principiante dentro de casa. Mas também, se os professores do Sesc, do Senac e do Senai ganham para ensinar, por que é que o cabeleireiro do salão "x" vai se pôr a ensinar de graça? O mesmo vale para as bainhas malfeitas, para os botões mal costurados, para a comida mal servida, para o carro mal consertado, para o encanamento mal reparado etc. etc. Hoje o aprendiz vai trabalhar, não vai ajudar até aprender. Falo sobre São Paulo, Rio e Belo Horizonte. Será que em lugares mais distantes ainda existe aquele aprendiz que paga ou ajuda de graça? O que me parece lógico é que se pague a quem ensina, seja o mestre de treinamento que recebe da firma para formar profissionais no próprio local de trabalho, seja o professor e uma escola. Pois, afinal, ensinando, o profissional está se encarregando de uma tarefa/responsabilidade a mais.

Mimos, agrados e lembrancinhas

Desde sempre, em toda a história da humanidade que conhecemos, passando pelos Reis Magos, presenteia-se em certas datas alegres. Os presentes são um "a mais" incrementando a alegria da comemoração. Mede-se nosso tempo pelas festas do calendário. Faltam tantos dias para o seu aniversário, para o de Jesus Cristo, para o fim do ano, para a Páscoa etc.
"Este é o meu primeiro Dia das Mães", diz a moça, grávida pela primeira vez.
E assim passam-se os anos e o tempo de nossa vida, sempre marcados por datas especiais, que variam de época e cultura.
Neste último século, do tempo dos nossos avós até nós, a maneira de presentear mudou tanto que às vezes parece que o velho hábito nem vai sobreviver. Mas muito pelo contrário, o que vemos é um número de datas a comemorar, presentear, esperar presentes, aumentando cada vez mais. Vemos um conluio de interesses do comércio em aumentar suas vendas e o antigo hábito de distribuir alegria em pacotes. É a influência dos interesses econômicos que vão transformando em "dever" os pequenos gestos dantes, em que a surpresa e o carinho eram os ingredientes mais importantes.
Aumentando as vendas temos, a partir do século XX, Dia das Mães, Dia dos Pais, Dia da Criança, Dia dos Namorados, quando infalivelmente uns têm que dar, outros receber, e em alguns casos temos até trocas. Junto com os presentes, essas datas todas se transformam em dias de comida especial. Namorados comem fora. Mães são libertadas da cozinha indo para o restaurante. O almoço, a ceia de Natal e o bolo de aniversário continuam.

Os hábitos familiares entram nos locais de trabalho, assim como o jeito de comemorar na empresa entra em casa. E as coisas não param por aí. De repente, as crianças têm duas festas de aniversário: uma na escola e uma em casa. O bolo de aniversário vai para o local de trabalho.

Muita comida e muito presente custam muito dinheiro. E a criatividade tem que resolver essa questão. Assim vão nascendo listas para juntar dinheiro para aniversário, casamento. Surge o amigo secreto, e os presenteados começam a ganhar, em vez de mimos e lembrancinhas, objetos de maior valor. Aumenta cada vez mais o número de famílias que usam listas e esquemas de parentes secretos.

Quem já passou Natal no interior, quem tem tia velha, família às antigas, sabe bem o que é uma lembrancinha, um mimo. É um bibelô, um lencinho cheio de rendas, uma toalhinha de bilboquê – autênticos supérfluos que ainda fazem sorrir a alma de quem recebe. E aquelas deliciosas bolachinhas feitas em casa com carinho que são colocadas em vidrinhos, caixinhas enfeitadas por mãos prendadas?

Um presente pode ser mais um capricho do que um objeto. Hoje ganhar alguma coisa feita por quem o dá gera surpresa. Quem faz o mimo sabe que faz um supérfluo. Mas e daí? É seu tempo, sua dedicação e seu capricho que contam nesse caso.

Mimos foram substituídos por manufaturados – tudo em pacotes feitos um a um para presente. O capricho mudou para a embalagem.

Mas a modernidade vai se expandindo. Querendo apenas aparentar capricho, sem dar do seu tempo e sua dedicação, procura-se quem faça os pacotes "personalizados". Terceirização do carinho. De pessoal só sobra a intenção.

Na forma antiga ou na moderna, procura-se originalidade. Quem dá, quer dar algo com a sua cara. Quem recebe, alegra-se pela lembrança. Que seja um supérfluo ou um necessário, o tempo gasto para viabilizá-lo agrega valor. Bolar um presente, ir até o fim do mundo para achá-lo, vale mais do que dar qualquer coisa da esquina. Continua valendo mais do que dar alguma coisa que não deu trabalho.

Supérfluo ou necessário, o presente não desaparece.

O Natal vem chegando.

Como é que você vai misturar, colocar a si mesmo no presente? De que jeito você vai mostrar seu empenho e sua arte para transformar seus presentes em algo a mais?

No grupo escolar

Vou descrever agora o jeito que se ensinava "linguagem". Esse era o jeito que se estudava, seja em escola pública ou particular, assim se aprendia a ler, a escrever e a redigir.

Já podemos falar de "era uma vez", um mundo em que a professora primária era levada a sério, e ela não media esforços, fora raras exceções, para ensinar seus alunos. Nesse tempo, nos boletins, além da nota de linguagem, aritmética, ciências, existia nota de ordem, aplicação e comportamento.

Só por aí se vê como capricho, atenção, modos respeitosos já foram uma vez valores a merecer menção. Isso quer dizer ainda que as folhas de caderno não podiam ir se dobrando pelas pontas, que a letra tinha que ser legível, que o esforço demonstrado ia ser recompensado com boa nota de aplicação, mas que erro de conteúdo também não seria perdoado só porque tínhamos nos esforçado. Quando você elimina a nota de aplicação e ordem do boletim, você torna difícil discriminar entre pôr-se a aprender e o ter aprendido.

Para ser mais contundente, lembrarei que não adianta ter tido não sei quantos X de aula em auto-escola. Se você não aprendeu a guiar, não vai passar no exame e vai ser barbeiro e machucar os outros e a si mesmo. No processo de tirar carta, o esforço e o conteúdo estão bem separados. Mas não é sobre isso que eu quero falar. Eu quero mesmo descrever como é que se ensinava linguagem.

A escrita se fazia por meio de cópia, ditado, descrição e composição.

Copiar é escrever o que se lê – igualzinho. Em geral a professora escrevia no quadro-negro, ou na lousa, como se dizia então, e os alunos copiavam, e esta cópia era depois religiosamente corrigida pela professora. Copiar é enxergar e repetir o que se viu. É preciso perceber corretamente o que se vai repetir e verificar se o que se escreveu é igual ao que se tomou por modelo. Essa é uma etapa importante do longo trajeto de domínio da língua. Copia-se letra, sílaba, palavra, frase e, finalmente, textos. Nessa primeira etapa, mistura-se o ler ao escrever. Faz-se junto, ao mesmo tempo.

Já o ditado, pavor das criancinhas recém-alfabetizadas, pede outras aptidões. Escuta-se e transforma-se o som em símbolos gráficos da escrita da qual a cópia nos dá o domínio. Automatizar este processo exige mais tarefas de nosso sistema nervoso. E os ditados eram também corrigidos um a um com a seriedade característica das professoras de então.

Já sabemos escrever o que vemos (cópia) e sabemos escrever o que ouvimos (ditado). É chegada a hora de escrever o que percebemos. Vamos agora descrever em palavras a imagem que vemos. Na cópia repetimos o texto. Na descrição transmitimos pelo texto uma imagem visual. Agora já cabe a quem escreve fazer o ritmo e a respiração, isto é, criar o texto que na cópia e no ditado vinham prontos. Cada sala de aula tinha um caderno enorme com desenhos que os alunos tinham que colocar em palavras. Só depois é que vinham as composições, nas quais cabia à mente usar a memória visual, olfativa, auditiva relacionada ao tema, e ainda o que se sabia da dinâmica do tema, mais tudo o que se sabia sobre o tema, e ainda, de seus desejos e sonhos reais ou irreais, relativos ao tema.

Para tanto, precisávamos ser capazes de realizar todas as aptidões já desenvolvidas nas outras etapas. Por termos praticado a transposição de vários estímulos para a escrita é que podíamos, finalmente, transpor também desejos, esperanças e fantasias. Isto é, sentimentos ou, sendo mais específica, subjetividade. Se fazíamos isso pobre ou genialmente, dependia em parte do exercitar-se, e em parte das quantidades de que dispunhamos de cada uma dessas aptidões, somadas às oportunidades de desenvolvimento e de comunicar-se do meio social em que a criatura vivia etc. etc. Eu não quero descrever o nascimento de um escritor e, sim, o adestramento para a escrita mínima necessária para o bem viver.

Depois das composições praticávamos como fazer resumos, escrever cartas e fazer relatórios. Tudo lá no curso primário do grupo escolar onde as professoras eram muitíssimo respeitadas e corrigiam, reviam, ensinavam. E quem sabe escrever não está muito longe da compreensão de um texto que poderá ser transcrito, resumido, refeito.

Ainda bem que o computador trouxe de volta a importância da escrita, e por isso vale a pena lembrar o jeito que se fazia no tempo que não tinha nem caneta Bic, mal e mal em alguns escritórios algumas pessoas escreviam à máquina, mas todos tinham que ter uma caligrafia legível. A caligrafia parece, de momento, fora do campo das utilidades. Mas a escrita não. De todo modo, acredito que ela ainda voltará.

Mas o que mesmo então temos que manter sempre presente em todas as etapas que vão do reconhecimento da letra até a escrita da composição? O fato de o mestre corrigir. É pela correção (modernamente o *feedback*) que fixamos novas aptidões. Um dia eu vou falar sobre a "decoreba", como chamam hoje, desdenhosamente, o decorar fórmulas e poesias. Não é porque sabemos escrever complexos relatos que deixamos de precisar saber fazer cópia, ditado e descrição. Como passar a limpo uma caderneta de endereços, telefones e *e-mails* se não soubermos copiar? Como anotar um recado se não soubermos tomar um ditado? Como passar um procedimento se não soubermos descrever? Pois é. A escrita está em todos esses lugares do nosso cotidiano moderno. E seu ensino hoje, tão precário ao privilegiar a criação em detrimento da precisão, nos confunde na realização das tarefas mais banais e, contudo, insubstituíveis.

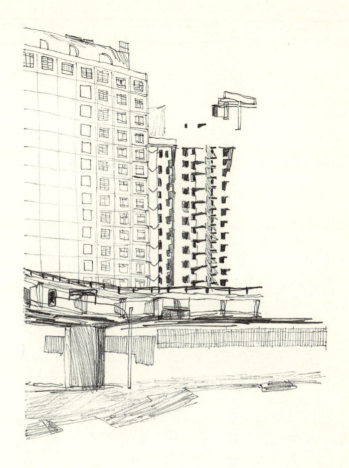

Hoje

Eu e a lei

Não é de agora minha vontade de gritar nas orelhas dos moradores desta minha cidade, e aos céus também, como são horríveis as nossas calçadas. Descuidadas, como terra de ninguém; sujas, esburacadas, exibindo aos passantes cada reforma realizada pela companhia de gás ou pela Sabesp, que as deixam tapadas mal-e-mal, sem qualquer cuidado com a segurança dos pedestres. Nem vale a pena me referir à estética, desprezada como se vivêssemos num mundo de cegos.

Na infância eu morava numa rua de um centro comercial de periferia, para onde convergiam não só os ônibus que vinham do centro, mas também os de toda a periferia do entorno. Apesar de sermos de bairro, todos sabíamos a quem cabiam certas responsabilidades, por exemplo, da calçada diante do imóvel. O leito da rua e a boca-de-lobo, cabia ao governo cuidar. Nós assumíamos a limpeza, a segurança e a ordem, e até a estética de nosso pedaço. Éramos gente simples, do pequeno comércio, mas sabíamos, e não esquecíamos, que a varrição e a lavagem da calçada tinham que ser feitas até as oito da manhã. Se depois disso varrêssemos o corredor, o quintal, a loja, usávamos a pá de lixo, que eu desconfio que se nada for feito a favor dela, deve estar ameaçada de extinção. Com certeza existia uma instância supervisora que mantinha vivos esses preceitos. Na minha rua (Trindade, que depois virou Cincinato Pamponet) era tudo de cimento riscado ou pontilhado, quando não de ladrilho hidráulico. Liso é que não podia ser, porque senão as pessoas escorregariam quando estivesse molhado. Pela mais superficial das abordagens, percebe-se que havia cuidado e respeito ao semelhante e também à estética. Existem fatos que ocorrem sem que a gente se dê conta e que acabam tendo enorme influência, ultrapassando, de longe, o fato em si. A existência desse enorme espaço da cidade (todas as calçadas somadas) tratados como terra de ninguém, pois quem é que sabe a quem cabe manter?, vai definir muito da relação de cada um com a cidade. O que podia ser orgulho torna-se desamparo.

Quem protege a calçada? Quem nos protege na cidade? É isso mesmo: nossa mente tem essa capacidade de integrar, aglutinar e condensar. Vira tudo uma grande insegurança.

Uma notícia no jornal a respeito do lixo na cidade deu a entender que tudo continua como dantes. Tudo indica que continuo responsável pela calçada na frente donde moro. Só falta alguém que me faça obedecer.

Temos um certo tipo de conhecimentos mesmo sem saber de onde vêm: barulho só até as dez da noite, lixo em saco de plástico fechado etc. Hoje, por exemplo, nós sabemos que é proibido soltar balão porque provoca incêndio nas matas, e os ambientalistas gritam sem parar para evitar essa tragédia. Mas ninguém grita para cuidar das calçadas, talvez porque não saibamos a quem cabe gritar.

No tempo em que soltar balão era livre, tinha-se também medo de busca-pé, aprendíamos sobre a dor da queimadura em volta de fogueiras soltando estrelinhas e traques. Acho que os balões não provocavam incêndios. Vou dizer uma bobagem, mas tenho tanta vontade de acreditar nela... Sempre que um balão ia caindo, um bando de crianças corria atrás até pegá-lo. Será que é por essa razão que não aconteciam incêndios? Naquele tempo existia terreno baldio, as cercas eram baixinhas, os riachinhos limpos, por isso dava para as crianças correrem atrás dos balões. É uma história bonita, mas não pode ser verdade que só a liberdade das crianças fosse suficiente para evitar os incêndios. Esta é mais uma mudança que ocorreu sem aviso. É bem verdade que o combustível usado para levantar o balão era menos potente, portanto, acabava logo.

No dia seguinte às festas de rua, a calçada era varrida e lavada, bem cedinho. Logo tínhamos a nossa cidade de volta, como se ontem não tivesse existido fogueiras, bombinhas e busca-pé. E as feiras livres acabavam impreterivelmente ao meio-dia, pois à uma hora o caminhão-pipa passava limpando tudo.

Quando surgiu a ameaça do apagão, vi o ressurgimento da gente de antigamente. Cada um imaginando, inventando, pensando, procurando formas de diminuir o gasto de energia elétrica. Essas são as pessoas com as quais eu fui criada. Gente que se sente capaz de modificar, criar, em seu próprio benefício.

Se o "pai-governo" faz tudo por nós, ficamos impedidos em nossa liberdade de criar. Todos iguais diante do grande provedor. Quando eu não sei que fim levou uma regra à qual eu obedecia, vejo, colocada de escanteio, a minha autonomia. Nesse lamentável episódio do apagão, que também não sabemos de quem é a culpa, durante quase uma semana senti de volta o mundo em que se trocavam idéias, procuravam-se soluções, assumiam-se responsabilidades. A capacidade de mudar o mundo não se esgarçou. O erro está em algum outro lugar. Lamento dizer, gostei de ver que não estamos mortos.

À mesa: a nova intimidade

Você já viu alguém brigar por causa de culinária ou marca de vinho?

Falando sobre comida, restaurantes, vinhos e livros de culinária, comendo em conjunto, em volta da mesa, as pessoas desse mundo globalizado fazem suas refeições. Antigamente, eu me lembro muito bem, falar de comida à mesa poderia parecer uma crítica ao que ali estava sendo servido. Não era bem-educado. Hoje, dos aperitivos à sobremesa, fala-se de outras comidas e outros vinhos. Basta olhar as revistas especializadas para perceber a qualidade e variedade de cursos de culinária, de degustação, de festivais de comidas regionais em que se educa o paladar para melhor apreciar o sangue das uvas e o sabor das receitas estranhas.

Não é mais malcriação falar de camarão enquanto se come vitela. Diria até que falar de comida enquanto se come é elogio à cozinha. Diante de um cardápio mal-ajambrado é que ficaríamos temerosos de falar sobre as delícias que não estão ali. Perante um vinho maravilhoso com o qual o dono da casa nos prodigaliza, ninguém fica constrangido em falar de outros. Quando não está bom, não ficamos à vontade para comentar. Pode parecer comparação, quando na verdade é apenas mais informação.

Você já viu alguém brigar quando o assunto é *chef* ou restaurante?

As preferências de cada um de nós nos define quanto a classe e *status*. Saber que a safra de 99 do Miolo (vinho gaúcho) foi boa é sinal de que você sabe separar o joio do trigo. Orgulhar-se de receitas brasileiras e servi-las quando há décadas ninguém se lembrava delas é sinal de *status*. Receitas de família são heranças cobiçadas e dizem que você não é novo no ramo. De há muito sua família sabe comer. Cheio de nuanças e diferenças, o tema não leva a disputas. Falar de comida é uma forma de as pessoas dizerem quem são e a que vêm. Eu sou – estive – guardei e agora divido: informações e mais informações secretas, de família. A questão se coloca como se fosse um "*who is who*" baseado em boa mesa.

Não poderia emergir como moda, temática mais adequada para manter a paz entre as pessoas: falemos de prazeres. Comida, vinho, viagens e hotéis vêm devagar, substituindo assuntos polêmicos, como política, economia e religião, temas pelos quais os homens se matam há milênios. Já esse nosso tema cria semelhanças sem anular diferenças. Todos se interessam pelo que os outros sabem e fazem. Juntos na diferença. Nas grandes cidades só mesmo viagem, cinema e teatro competem com o tema da comida.

Ideologias, crenças, origem nacional são ingredientes necessários para a formulação de identidade, mas não suficientes. Cabia à dona-de-casa nunca pôr numa mesma mesa um monarquista e um republicano, muito menos pessoas fanáticas de religiões diferentes. No mundo globalizado em que vivemos, a fusão das culinárias nos acena com a possibilidade do mundo harmônico. Toda informação é válida, enriquece sem provocar rupturas.

Ainda não se conhecem fã-clubes de grandes *chefs*. Temos que reconhecer que surge certa irritação entre o que desdenha o peixe cru da internacional cozinha japonesa e o que conhece todos os restaurantes japoneses da cidade. Dominar o uso de copos e talheres é um *must* fácil de adquirir, bastando para isso prestar atenção nas revistas, seja de *fait divers* ou culinária. Nada mais moderno do que depender cada vez mais de herança e informação que se pode dividir sem perder.

Mas aí surge uma dúvida: se não dá briga, será pelo fato de não envolver as pessoas? Será que é só do mundo das aparências? O prazer do paladar e do olfato liga-se à oralidade que, do ponto de vista psicológico, não é nada banal. A oralidade é determinante na formação da personalidade.

Falar de comida é tirar o *aceto* balsâmico de Módena e trazê-lo para Campo Grande (MS), passando pelo Empório Santa Luzia, ou pelo Santa Maria, ou por qualquer outro templo de iguarias.

Onde se acha mel trufado? Onde se faz reserva de trufas brancas? Nas mesas em que se fala de comida enquanto se come não é só especiaria importada que vale. O endereço do fornecedor de tucupi ou onde se acha requeijão para fritar tem igual valor. A globalização do paladar não só constitui prova de que podemos integrar diferenças, mas também é a parte mais suave e inebriante do processo.

Que briguem os governos sobre taxas e alíquotas que nós vamos comendo coisas de todos os lugares. E os iguais atraem seus semelhantes para grandes ondas de prazer. É a informação desinteressada que todos colocam em rede pelo "boca-a-boca". Quase todos os outros temas vão para as ondas da internet. Mas falar ao paladar demanda musicalidade, olhar, descrição pormenorizada que, ali na mesa, na troca face a face, mantém a intimidade do tipo antigo.

E eu que pensava que tudo isso era pura obra de marketing e merchandising. Não é não. É o reduto da nossa alma que tem o prazer de babar diante do outro, uma nova forma de intimidade. Quem diria, até o sexo já foi para a internet, enquanto o paladar se agarra com unhas e dentes à mesa e à concretude do real.

Cavalinhos-de-tróia
em nossas mesas

Numa recente viagem pelo Primeiro Mundo, surpreendi-me com algumas mudanças. A gente sabe que a cada viagem descobre novos ângulos não vistos e, pelas informações do noticiário dos jornais, estamos preparados para novas cores na Capela Sistina e para a nova ala do Louvre. Mas o que eu não esperava mesmo eram mudanças substanciais na minha alimentação. Pois exatamente o que eu menos esperava aconteceu. Nos mesmos restaurantes que eu já conhecia (gosto de rever) de outras viagens, eis que encontro cardápios qualitativamente diferentes.

Anos atrás apareceu a *nouvelle-cuisine*, que veio para ficar. Chegou mesclada de teorias de modernidade, como se fora um adendo aos hábitos alimentares. Não era uma mudança, era um acréscimo. Era uma nova apresentação, substituição de certos ingredientes, a supressão de outros, e novos nomes. Não se tratava de uma revolução, e sim de uma "opção pela globalização culinária". A *nouvelle-cuisine* veio com estrondo. Talvez tenha sido um preâmbulo, um toque de trombeta anunciando o que estava por vir.

Os novos cozinheiros tornaram-se *stars*, abriram novos restaurantes. Como o nome bem diz, foi uma revolução predominante francesa com suaves reflexos na Itália e na cozinha oriental. Em ocasiões especiais, em lares sofisticados, certas pessoas iam imitando a nova moda. Reitero: não foi um decreto regendo o cotidiano. Não sei se o destino da *nouvelle-cuisine* era chegar ao nosso cotidiano, mas se era, não chegou a ser, porque foi atropelada pela nova onda com a qual deparei e que aqui pretendo comentar.

Teve algo insidioso, sorrateiro, na penetração da nova moda. Ao contrário da *nouvelle-cuisine*, agora estamos sendo invadidos por uma multidão de cavalinhos-de-tróia, em cujo bojo, e em nome da SAÚDE, vieram mudanças não apenas de ingredientes e apresentação, mas também de estilo e razão de comer. Houve supressão de tradições e importação de novos hábitos. Tudo isso ocorreu sem que qualquer novo império tivesse emergido. Nada de anexação de terras, nada de descobertas de novos continentes como no século XV, apenas uma nova ideologia.

Um pires com azeite de oliva; um pedaço de pão para mergulhar no pires: hábito mouro da Andaluzia, Sicília, Calábria e Grécia, regiões quentes onde o azeite cabe melhor do que a manteiga. De repente, em Nova York, Los Angeles ou Paris, o pão e o azeite substituem o pão com manteiga. Mas não é só isso, não se trata de simplificar.

O azeite tem que ser *virgine, extra virgine, prima espremuto*, isto é, tem que ser caro ou então falsificado. E assim enfeitado, o azeite de oliva torna-se saudável e a desejável gordura que não cria colesterol. Assim travestido ele vem no cavalo-de-tróia da Saúde. Diante dessa apresentação, abandonar a manteiga não é desdouro, mas desde que o azeite seja *extra virgine*. A mudança não ocorre porque estamos doentes e a manteiga nos foi proibida. Muda-se porque somos espertos, evitamos doenças continuando a comer bem.

A nossa nova amada *virgine* aparece no *couvert*, no *hors-d'oeuvre*, no prato principal. Tenho a impressão de que só está ausente da sobremesa. E o *aceto* balsâmico? Quem neste mundo de Deus não fosse um *gourmet* sofisticadíssimo usaria comumente o magnífico *aceto balsamico di Modena*? Não digo que encontramos o *aceto* em qualquer bairro ou em qualquer supermercado, mas numa mercearia um pouquinho mais sofisticada lá está o nosso amigo recém-chegado de Módena. E o vinagre anda envergonhado pelos cantos da cozinha. Há poucos anos havia vinagre branco, vinagre de maçã, vinagres temperados... foram todos vencidos.

Nas horas de pico na televisão, os *chefs* são as novas estrelas da tela que nos ensinam os novos requintes. As prateleiras de livro de cozinha nas grandes livrarias vão ganhando cada vez mais espaço, e ler livros de receitas é uma distração nada desprezível. Decididamente, a culinária saiu da cozinha e chegou aos salões. É assunto social.

Vivemos um momento em que o Ocidente e o mundo ocidentalizado instauram o ideal do homem longevo e feliz. Isso é um direito, além de inspiração social, programa de governo e corolário da democracia. Todo mundo tem direito a uma vida longa, autônoma e saudável. Mas a responsabilidade de tornar isso verdade não é exclusivamente do governo ou da corporação médica. Somos responsáveis, cada um de nós, pelo nosso futuro. Não somos, pois, orientados só pelos médicos. Recorremos também a nutricionistas, fisioterapeutas, à sabedoria de certas seitas religiosas e até a certos médicos cujos pontos de vista alternativos entram em choque com a medicina oficial. Na verdade estamos à procura de gurus que nos possam ensinar mais e mais dicas sobre esse novo mundo da "alimentação preventiva".

Existe uma comercialização florescente dos produtos considerados "certos". Em torno dos gurus aparece o comércio que torna possível seguir as novas dietas. Esta organização comercial alternativa penetra sítios e granjas donde são banidos certos adubos. Surgem centros de comercialização alternativos. Em São Paulo, no parque da Água Branca, os pequenos produtores vendem diretamente aos consumidores. Na Union Square, em Nova York, quatro vezes por semana, pequenos produtores da região vêm vender suas mercadorias. Isto para não falar das lojas e dos quiosques dentro dos mercados tradicionais.

Desse modo, podemos seguir o conselho de nossos gurus na procura do *equilíbrio energético* sobre o qual pretendemos construir nossa longevidade saudável. A procura dessa verdade é incessante. Certas parcelas da sociedade vêm passando por muitas seitas e muitas esperanças. Da macrobiótica ao vegetariano; do abaixo-o-açúcar ao viva-o-verde; do leite-é-um-veneno ao ovo-jamais, do abaixo-o-químico ao viva-o-natural, vamos pela vida testando. E de cada uma dessas esperanças, de cada guru que passa pela nossa vida, vamos incorporando um ou outro hábito. E assim se foi mudando, creio eu, sem dor de ruptura. Nessa procura vivenciamos um misto de individualismo exacerbado – "eu sou autor da minha saúde" – ao mesmo tempo que nos alegramos ao vermos engrossar as fileiras de nossos companheiros de ideal. Nesse caminho encontramos uma ânsia por alguma certeza. Uma vontade de acreditar. Mas isso depende da qualidade da autoridade que é aposta às convicções que norteiam as escolhas. Na verdade, o defeito está nos gurus, nas fontes de informação. Quisera-se que estes fossem autoridades como antigamente, nas quais se pudesse acreditar, depositar fé. Nós o fazemos por breves períodos de tempo. De repente se acredita que tal substância é veneno, e meses depois outra autoridade, na qual também cremos, agora afirma algo diferente. Esses deslocamentos de uma para outra verdade ocorrem, e deitamos poucas lágrimas nas separações, que na verdade são substituições.

Passamos ao longe, já, do monoteísmo. Somos pagãos. Ou talvez nos faltam os deuses ao todo. Será que vivemos uma religião só de sacerdotes?

Claro que essas preocupações todas são de uma classe média e da burguesia que têm o que comer. Não é o tema dos miseráveis. A nossa forma de viver mudou com o advento das máquinas a vapor, da eletricidade e da eletrônica. Diminui a quantidade de movimento, de força que fazemos em nosso cotidiano. Só isto, que ocorreu nos últimos duzentos anos, já bastaria para pedir uma mudança na alimentação. Nem se pode criticar os médicos nesse particular. Eles estão sempre propondo mais movimentos, menos gordura e menos carboidratos para os corpos ociosos. Mas suas palavras soam como admoestação autoritária e, como tal, encontra resistência em nosso individualismo exacerbado. Já nossos cavalinhos-de-tróia, nos trazendo lindos sushis, fofos leitos de rúcula nos quais jaz a posta de salmão apenas grelhada, são recebidos sob aplausos, e seu conteúdo é entronizado na intimidade de nossos mais íntimos hábitos alimentares.

Há pouquíssimos anos o prato principal de uma refeição vinha acompanhado de alguma forma de batata ou tubérculos em geral, ou ainda arroz. Eventualmente, ao lado, podia ser servido um panachê de legumes ou verduras. Hoje a situação se inverte. A carne, a ave ou o peixe vêm sempre sobre um leito de verduras enfeitado por legumes, temperados com especiarias de maneira sempre original. E se alguém quiser, poderá ter uma porção de carboidrato num pratinho ao lado. O grande ditador deste ano, na França, Itália e em Nova York/São Francisco foi o verde forte da rúcula, do espinafre e do agrião. O *petit-pois*, antes tão presente, não é mais encontrado.

Permitam-me os leitores que faça um pouco de suspense. Sei que não falei nada sobre sobremesas, mas falarei depois de um pouco de história. Sempre se diz que somos o que comemos, e isso tem grande probabilidade de ser verdade. Se assim for, estamos passando por um momento de grande transformação. Em poucos anos seremos completamente diferentes, uma vez que a globalização alimentar vem dominando a passos largos. Não resisto a comparar este nosso momento com o que ocorreu na Europa em torno da Renascença.

O contato com o Oriente e com a América fez chegar à Europa ingredientes muitos variados e que provocaram grandes transformações nos hábitos alimentares. A chegada da batata, do tomate, do macarrão, das especiarias, do açúcar relegou a segundo plano as sopas e os ensopados que desde sempre ferviam nos grandes fogões e lareiras de qualquer casa ou palácio. O pão, o vinho, os grandes assados e ensopados foram substituídos pelas massas, pelos molhos, pelas batatas...

Agora também se rompem as fronteiras; mas não se amplia, apenas se globaliza. Quero deixar claro que, para mim, revolução alimentar é quando a mudança vai, democraticamente, influindo nos hábitos cotidianos, não só nas situações especiais. Percebemos como isso ocorre na relação com a carne vermelha.

Todo mundo sabe que ela é gordurosa e pesada e, portanto, faz mal e deveria ser consumida raramente e com cautela, enquanto as carnes brancas seriam mais saudáveis. Sabemos ainda que as fibras são indispensáveis, que a maioria das gorduras faz mal e que fritura é um veneno. Isso já foi absorvido como cultura popular dos que têm dinheiro para consumir carne.

Este saber encontra uma barreira nas classes que não podem consumir esse alimento. Para estes, o sonho ainda é comer bife duas vezes ao dia, como os ricos faziam antigamente. Quando digo que sabemos que fibra é isto, carne vermelha é aquilo, falo sobre opinião pública difundida pela mídia. Informamo-nos, decidimos aderir, experimentar, na calada da nossa leitura individual solitária, as informações que a *mass media* traz. Por outro lado, a *mass media* forma e divulga opinião pública. Nesse movimento de ser opinião pública e tornar-me diferente porque sou "livre" para experimentar ou não, participar ou não, eu me sinto acompanhando os tempos, ao mesmo tempo que livre para escolher. Não há autoridade que me submeta. *Eu* me submeto.

Durante a Segunda Guerra Mundial, o governo americano tentou, por meio de grupos de discussão, campanha publicitária, folhetos e palestras médicas, influir para que as mulheres, os velhos e as crianças que ficaram em casa, longe do campo de batalha, passassem a consumir miúdos de animais. Além da campanha, foram distribuídos em praticamente todas as casas americanas milhões de receitas de como preparar tais miúdos. Resultado: quase nulo.

A mudança alimentar não é aceita quando vem de forma autoritária. É preciso, além disso, que corresponda à ideologia predominante no momento. Enfim, a moda só pega se parecer para cada um como sua própria descoberta. No Brasil tentou-se difundir há alguns anos o consumo do leite de soja e da carne de baleia. A moda também não pegou. "Ninguém me submete. *Eu* me submeto se quiser."

O cuidado com a longevidade, a preocupação de não depender, é predominante no adulto ocidental da classe média. Preocupamo-nos com a saúde bem antes de a doença se instaurar. Se ela se instaura, cabe ao médico cuidar: estabelece dieta, medicação e estilo de vida, e cada um obedece ao seu médico do seu jeito. Mas onde vamos buscar informações para evitar a doença, para garantir a desejável longevidade saudável? Na *mass media* que divulga as falas dos gurus, das seitas religiosas, naturalistas, dos homeopatas, nutricionistas, terapeutas corporais. E vamos nos deslocando de uns para outros, freqüentando certos grupos, acompanhando certos dizem-que-é-bom, lendo certos livros, captando de cada encontro desses *bits* de informação que lentamente mudam o conteúdo de nossas cozinhas.

A manteiga já foi substituída pela margarina que hoje anda em baixa, cedendo lugar para o azeite de oliva. Isto não quer dizer que não se coma mais manteiga; isto quer dizer que se come *pouca* manteiga. Seu uso fica mais restrito para os jovens que ainda estão longe do fantasma do colesterol, que invariavelmente nos acena com um derrame cerebral.

Esta é a ameaça maior que paira sobre nossas cabeças, porque ela pode representar longevidade com nossas capacidades pessoais limitadas, ou, melhor dizendo, nos acena com dependência futura. O mesmo acontece com o açúcar, que também não desaparece, que continua desejável, mas seu consumo só é franqueado sem culpa aos jovens. Grupos mais ortodoxos querem eliminar o açúcar desde o nascimento – o açúcar seria um veneno em si. Falei em manteiga, mas o mesmo se aplica a todas as gorduras animais. O nosso grande inimigo é a invalidez, que deve ser evitada desde sempre. Temos que andar e correr para não entrevarmos quando velhos. Comeremos toda a fibra que pudermos, eliminaremos todas as gorduras e açúcares possíveis para termos o céu na terra antes de morrer. Parece que o lema atual é: sempre culpado para nos permitirmos uma extravagância às vezes.

Lembrei-me agora de uma outra mudança que vai atingir a própria disposição formal dos cardápios. Nos restaurantes médios existe um cardápio de comida e outro de bebida. Notei desta vez na Europa e nos Estados Unidos ser cada vez mais comum a sobremesa vir num terceiro cardápio, menor e separado. Este só vem se você pedir. Se não for solicitado, o garçom trará direto o café. É uma forma de oficializar o "fora o açúcar".

Como vimos, na época das grandes navegações a Europa recebeu novos ingredientes do Extremo Oriente e da América: o porto de chegada era a Itália. A primeira grande viagem que as receitas com os novos alimentos fizeram foi no enxoval e dote de Catarina de Médicis, por ocasião do seu casamento. Coube a ela levar receitas, cozinheiros e os ingredientes novos da sua terra para a França.

Quem é a nossa Catarina de Médicis? Creio que são os novos hábitos que chegam no bojo dos cavalinhos-de-tróia travestidos de SAÚDE. Hábitos absolutamente estranhos penetram nossa intimidade sem qualquer resistência. No início foram os soldados americanos no Oriente e também os naturalistas europeus que difundiram, para pequenos círculos, o que iam descobrindo. E devagar fomos aprendendo a comer com pauzinho, a engolir peixe cru, a gostar de shoyu, a preferir arroz integral, a comer legumes orientais, caroço de mamão. Absorvemos dessa forma sub-reptícia coisas muito mais esquisitas do que propunha à sua população o governo americano durante a Segunda Grande Guerra.

As sobremesas, que no tempo de nossos pais eram frutas e doces, passaram a ser só frutas. Os sorvetes passaram a *sorbets*, e todos com apresentação bonita sempre num *coulis* que pode ser um creminho de baunilha ou de uma fruta macerada. E só aí, nesse fundinho, é que encontramos o açúcar, só para não ser totalmente abolido.

O peixe sempre foi uma delicadeza, uma *gourmandise,* carro-chefe dos grandes menus, e nesses o salmão era o rei de todos. Democratizou-se o salmão. Ele agora está ao alcance freqüente da classe média e é apresentado cru, defumado, cozido ou assado. A enguia, os frutos do mar, parece que estão sendo cultivados em viveiros tal a sua difusão nos cardápios e nos lares. As massas vêm com atum, vôngoli, caviar, enguia... Peixe e frango são as carnes menos perseguidas. O porco vai se tornar uma espécie em extinção, tão pouco ele é consumido. Disfarçado, o porco aparece na forma de javali, seu primo mais próximo da natureza. A caça está na moda! Não sei se estão nos enganando ou se estamos mal informados, mas, se quisermos, podemos saber que carne de caça e frutos do mar, apesar de selvagens, contêm colesterol... São pequenos pecados das ideologias para agradar aos nossos paladares, creio eu.

Mas a sociedade capitalista se defende. Tinge de transparente os refrigerantes e, para fingir pureza, anexa bula completa com significados e palavras cujo sentido desconhecemos.

Não fora esse espaço de liberdade conquistado graças à influência *beatnik* e hippie, estaríamos hoje cada vez menos senhores de nossas vidas. Continuaríamos submetidos à alimentação tradicional que seguia imutável geração após geração, e ainda à medicina que vai absorvendo as conquistas da ciência, tornando-se cada vez mais complicada e mais distante de nós, leigos. O conhecimento médico sempre foi totêmico ou corporativo. Um saber de poucos. A diferença entre nossos novos mestres e os antigos é que os novos ensinam a pescar o peixe, enquanto o médico e o feiticeiro só nos davam o peixe.

Sensação programada

As crianças gostam do medo e da raiva, da alegria e da surpresa que elas já conhecem. Não é à toa que pedem a mesma história do mesmo jeito. Sheakespeare emociona apesar de conhecermos o enredo. Aos domingos os jornais trazem as sinopses das novelas da próxima semana, e nem por isso deixamos de vê-las. A ternura e o ato sexual melhoram quanto mais conhecemos o(a) parceiro(a). Poderia falar de alimentos que só apreciamos se eles forem sempre iguais.

Acredito que existe um certo jogo de poder nessa vontade e nesse prazer que encontramos na repetição. Atribuímo-nos poderes proféticos. Não há de ser diferente no plano erótico. A surpresa é boa, mas a repetição contém a memória do prazer e a antevisão, confiança de que os dois estão iguais para si. Esta certeza de "nada ter mudado entre nós" às vezes é menosprezada como falta de imaginação e, muitas vezes, valorizada como saudade do bom encontro.

Há alguns séculos, quando o pudor ocupava todo o espaço de vida, exceto estreitas faixas relativas a pecados capitais, a previsão era a passagem da mão pelo ombro durante uma quadrilha. A possibilidade de prever que "em três voltas encontrarei o olhar do meu príncipe" tem um significado semelhante ao medo da chegada da meia-noite quando a carruagem vira abóbora. O mundo foi mudando, e não só o pudor passou a ocupar um espaço diferente, como também a espontaneidade tornou-se uma espécie de obrigação. Apesar de, em criança, amarmos tanto a diversidade quanto a igualdade, para o adulto a repetição ficou como algo medíocre, desinteressante, a ser excluído. De repente, as escolas de dança de salão desapareceram, criando certos problemas para as pessoas menos espontâneas nos movimentos. Mas sempre tem uma prima, um primo, uma irmã para ensinar. Aí vem o *swing*, o rock e a ditadura da espontaneidade. E o velho sistema de um mestre-sala adiantando os movimentos, como na quadrilha, evaporou. Quanto de psicoterapia não é feito só para ultrapassar a dificuldade de viver a surpresa de atuar espontaneamente. E quem não pode pagar terapia? Não dança? Não canta?

Temos agora, vindo da África, da favela, da pobreza, da imitação e da necessidade, a música que não exige nove anos de conservatório. A letra que elimina a distância entre o erudito e o popular. E nem por isso deixa de expressar as duas grades, espontâneo até onde dá, profético onde é necessário. Os movimentos são livres, se o dançarino quiser. O sentido é *pré*-visto: "vou fazer isto, vou fazer aquilo, para você sentir isto e eu sentir aquilo".

Muitas vezes me perguntei como seria resolvida a questão do endeusamento da espontaneidade, da criatividade. Onde ficariam os habilidosos, os que têm paciência de repetir, os que não se vexam em imitar. Confesso que em muitos momentos me senti num beco sem saída, e eis que o jovem da favela e do cortiço, que não tem acesso às autoridades culturalmente validadas, que está sozinho, entregue à própria dificuldade, nos traz o *funk*. Uma história conhecida que você interpreta com liberdade.

É sempre a periferia o celeiro do futuro? Parece que sim.

Consciência do corpo

Vivemos mergulhados em paradoxos. Desejamos ser iguais aos outros, ao mesmo tempo que nos obrigamos a ser diferentes. Diferente aqui significa "melhor". Estamos sempre no fio da navalha que separa o melhor do ridículo, do "babaca", do cafona, sendo estas as últimas coisas que queremos ser. No espectro de semelhanças e diferenças, o corpo (seus gestos, sua expressão e roupa) ocupa mais espaço. É nosso cartão de visita, nossa imagem chegando à retina do outro antes mesmo de nos aproximarmos. Diz-se até que esta primeira impressão é a que fica.

O fato de sermos obrigados, por pressão social, a manter diferenças, mesmo em condições de igualdade, nos leva a usar inúmeras técnicas de modelagem, de gosto e estilo, de escolha das roupas, movimento e gestos. Muitas vezes basta observar, perceber e imitar. Contudo, muitas mudanças dependem de uma intervenção mais invasiva, como emagrecer, engordar, alongar, bronzear-se, sem falar em intervenção em traços de personalidade, como os de diminuir a extroversão, ganhar jogo de cintura.

O indivíduo ideal, hoje, no mundo ocidental, deve ter corpo esguio, tônico, desenvolto, expressivo e sempre jovem. A diversidade dos biótipos que encontramos na realidade da população obriga boa parte dela a desaprovar a si próprio, idealizar o formato oficial e escolher entre não ser feliz por ser muito diferente, muito longe do ideal ou propor-se as necessárias transformações, que vêm em forma de regimes, malhação, lipoaspiração, plástica, silicone e vários outros tratamentos. Tudo a serviço da diferença na conformidade.

O "como somos" é resultado não só de herança genética, mas também do tipo de alimentação, de nossos movimentos habituais, de nossa postura e ainda de toda história de nossa vida. O conjunto disso tudo molda nosso jeito de ser corporal e mental, que nem sempre coincide com a imagem que temos de nós mesmos. Encontramos em nossa consciência certa imagem que se sobrepõe à imagem idealizada e desejada, proposta pela cultura. Será que poderíamos dizer que o tamanho da diferença entre as imagens corresponde ao tamanho da nossa insatisfação com nós mesmos? Cada um de nós sente que é de um jeito que nem sempre é o que de fato somos. Até porque neste mundo de paradoxos estamos em permanente transição.

As mudanças corporais e de jeito de usar o corpo podem ser obtidas com ginástica, regime, plástica etc. Mas a verdadeira transformação, a de como nos sentimos mesmo, ocorre quando a imagem que temos de nós mesmos também estiver mudando. Para isso são necessárias também mudanças na consciência. Precisamos criar a capacidade de sentir o que "estamos sendo". Exemplos do cotidiano ilustram. Fala-se do corpo daquele que emagreceu e que continua se movendo como gordo. Também do magro que engorda e não adapta seus movimentos à nova figura. Veste roupa de magro apesar de não sê-lo. Quando vamos encontrar alguém que não vemos há muitos anos... "Vão ver que envelheci! Vão ver minhas rugas!" Não nos apropriamos de muitas das mudanças que nos ocorrem. Até onde dá, vamos vivendo com uma imagem congelada de nós mesmos. Sabemos também daquelas pessoas que se sentem gordas mesmo quando hospitalizadas por anorexia. A bulimia e a anorexia são vistas como epidêmicas, tal a sua freqüência hoje em dia.

A transformação das profissões, a introdução de eletrodomésticos e eletrônicos no nosso cotidiano nos levam a fazer cada vez menos movimentos. Sentimos cada vez menos cansaço corporal e cada vez menos sabemos de nossa força e de nosso fôlego. Quero dizer que, cada vez menos, conhecemos o nosso potencial e nossos limites. Temos menos consciência corporal. Menos movimento significa menos sensação na pele. Fica por conta do esporte substituir a movimentação que antes era parte da relação intrínseca do homem com o meio e com a sua pele, a função de nos manter sensíveis. Cabe à ginástica e ao esporte as funções de modelar o corpo e perceber as diferenças.

Desconfie de quem propõe um só tipo de intervenção, seja corporal ou psicológica. A integração multilateral é a única que nos leva a alcançar uma consciência corporal harmônica.

Adolescência

Se a gente nasce perfeitinho, nasce sabendo algumas coisas e é capaz de aprender muitas outras. A gente nasce vendo, se mexendo, ouvindo, engolindo. E daí vai desenvolvendo o andar, o falar e, muito especialmente, o dom de preferir. Conforme vamos conhecendo melhor o mundo, a gente vai formando preferências. Bem que se diz que não nascemos sabendo. A maioria das coisas vamos aprendendo, pois nascemos apenas com o potencial de desenvolvê-las. Qualquer adulto saudável é perfeitamente capaz (como se tivesse nascido sabendo) de ajudar um nenê em suas primeiras aprendizagens. Ajuda a sentar, a ficar em pé, ensina o nome das cores, mostra o que faz dodói, a diferença entre sujo e limpo, e assim vai transmitindo o jeito de viver do seu grupo. Até aí não há muitos problemas.

Os anos passam e a criança, que já aprendeu a preferir, começa a duvidar. "Será que me deram mesmo chance de preferir? Ou será que só me mostraram o que é bom?" Quando essa desconfiança se instaura, a guerra de gerações torna-se possível. Se ela vai ou não ocorrer, depende de alguns fatores:

1. Muitas vezes não há guerra porque não há escolha. O grupo social não dispõe de duas maneiras de se vestir, se a tecnologia disponível é muito pobre. Ou só se usa pele de animal, ou só palha, ou só rudimentos de fibras vegetais. É pouco provável que exista conflito entre gerações a respeito de roupa ou moda. Assim como dei esse exemplo, ele valeria para comida, bebida, música etc.

2. Também encontramos baixa freqüência de conflito entre gerações em culturas isoladas, estáveis, em que as transformações dos hábitos e costumes ocorrem lenta e raramente.
3. Também não tem muita importância a discordância entre as gerações quando a interferência de divindades ameaçadoras e autoritárias atingem quase tudo do dia-a-dia da população. Há culturas em que a iconoplastia (duvidar do divino) é impensável. Eu pesco, caço, cozinho, planto de acordo com as vozes das divindades. Se assim é, quem vai contestar?

Hoje muito falamos sobre divindades. Mas pequena é a parcela da população que leva a sério o que diz. Pedimos ajuda a Deus, mas não ficamos sentados esperando a ajuda chegar. Nós que assim somos e agimos, deixamos um enorme espaço para que os jovens testem leques e mais leques de opções.

A manufatura de roupas, alimentos e transportes abre enormes brechas entre grupos e gerações.

E é aí que podemos dizer que se torna cada vez mais difícil ser adolescente e viver com um adolescente. A vida de cada um passa por inúmeras opções, desde usos até ofícios. Nenhuma traz o carimbo da certeza. Os adultos não dispõem de argumentos, senão de estilo e de bom gosto, para argumentar contra o estilo *punk*, uma vez que roupa preta, anéis e corrente não fazem mal à saúde. Pode ser feio. Algumas opções disponíveis aos jovens são de fato perigosas. Mas a maioria é inócua. E resta o último argumento, que é definitivo, mas acaba sendo sentido como injusto: "Eu sou pai, eu sou mãe, eu mando" ou "Enquanto você estiver na minha casa..." ou "Então não dou mais dinheiro". Essas palavras não são argumentos, são ordens. Apenas não são ordens de origem divina, pois ninguém diz que os pais são infalíveis, nem que os professores são sagrados.

A partir do momento que para a moça deixar de ser virgem não é mais pecado, sendo tão-somente, se é que é, um desagravo aos adultos, o hímen está em perigo. Resta apenas uma autoridade, que, apesar de não ser divina, é muito eficiente: a voz da turma, do grupo, da tribo.

A chamada crise da adolescência pode ser vista como uma crise de excessos, que tira dos adultos a certeza e dos jovens o prazer de escolher. As classes socioeconômicas sugerem estilos de comportamento, de trajar-se e divertir-se, além de linguagens especiais para cada tribo. Jeitos novos nascem em nichos dos chamados "formadores de opinião". E em círculos concêntricos varrem a sociedade bem rapidinho. Para tanto, o rádio, a televisão, o vídeo, os cartazes de rua e os próprios formadores de opinião, circulando nas ruas, bares e boates, trabalham incessantemente para inovar e difundir.

O jovem ou o adolescente é uma vítima? Sujeito? Objeto? Ele sai da fôrma que se organizou a partir das abundâncias.

Não temos opção. A sociedade não é de transformações lentas. Não há retorno ao tempo das palavras de ordem de origem divina. As crises vieram para ficar. Nesta incerteza na qual o jovem está mergulhado, a questão da droga se insere. Mas é tema para um outro escrito.

Loucos de rua

É difícil imaginar os pensamentos, os desejos, os temores dessas pessoas que vão andando pelas ruas ou ficam paradas por vezes, e, que pelos seus gestos e suas posturas, comunicam aos outros passantes o sentido próprio da solidão. Não parecem olhar em volta, nem parecem interessados no nosso olhar que os observa. Essa ruptura do olhar é o que mais me surpreende nos assim chamados "loucos de rua".

Fico pensando que eles nos observam pouco por saberem que não lhes cabe nada do mundo em volta, nem este mundo encontrará neles o que lhes tirar, exceto a saúde e a vida.

É bem verdade que onde vivo, dentro da minha casa, cabana, choupana ou caverna, também não fico o tempo todo observando o que se passa a minha volta. É onde moro, meu lugar conhecido. Esses poucos outros, porque são bem poucos em relação à população total, devem se sentir à vontade – "fora". O *habitat* nosso é de um dos lados das paredes e o deles do outro. Eles parecem não nos olhar, como se fôssemos talvez um passado já esquecido. Para nós eles são um susto a ser evitado. Quem de nós não conhece o louco de sua região, se ele existir? Alguns são criativos, e a partir dos andrajos que ganham e catam pela vida, criam um estilo ao qual se mantêm fiéis. Entra ano, sai ano, eles se mantêm semelhantes a si mesmos. Os outros, e estes são a maioria, aparentam, simplesmente, pobreza.

Essas figuras são sempre descritas em detalhes para os que não os conhecem. Por exemplo, a certa altura da Pedroso de Morais, bairro de Pinheiros, vive um famoso "escrevinhador". Ele fica sentado no canteiro central na larga avenida e escreve. Lembro-me de outra que se enfeitava com muitas flores, secas e vivas. E a gente a encontrava, várias vezes por dia, pelas ladeiras de Ouro Preto. Na Martin Francisco, perto da oficina mecânica da qual sou cliente, também tem um, há muito tempo instalado debaixo de uma mesma marquise.

O leitor percebe que não estou falando sobre bandos de sem-casa. A minha memória está trazendo figuras que não sei se escolheram o lado de fora, mas, decididamente, mantêm-se aí, por livre e espontânea vontade.

Essas figuras inesquecíveis falam muito a nosso respeito quando nós percebemos neles o nosso avesso. Não ocupam muito espaço. Observando bem, eles se movimentam num território limitado, de preferência pouco disputado. Eles afrontam o nosso existir, mas não desacatam, nada fazem para chocar. Mantêm introjetadas as regras mais gerais de separação entre público e privado. *Não se desnudam. Não fazem suas necessidades à vista dos outros. Não se apossam do alheio. E em geral aceitam e agradecem pelo que lhes é dado.*

Mergulhados que estamos na era da explicação e interpretação, tais figuras, eremitas nas multidões, não podiam passar despercebidas dos especialistas em alma humana. Fala-se, analisa-se, filma-se, entrevista-se para entender. E no tempo das tribos, gangues (*funks, punks, skinheads* etc.), o diferente solitário deixa de ser tão-somente um outro para ser um enigma que os especialistas querem decifrar. E conclui-se: este eremita não faz medo porque não ataca, não bate, não rouba.

Mas por que são assim? Talvez o seu leque de desejos seja pobre, mas não fraco, pois, firmes como cipó, eles se agarram à vida.

Eles sabem que a cidade grande é muito rica. E é no chão dela que encontram as sobras da abundância. Além do que, a consciência dos que moram do outro lado do muro pede que exista caridade organizada. O louco de rua conhece as fontes gratuitas de sopa, remédio e outras proteções.

Não faz muito tempo que acabei de ler o livro *Esmeralda*, da garota de rua que o projeto Travessia cuidou de recuperar. Ela não era uma louca de rua, mas assim mesmo não posso deixar de terminar com uma frase sua espantosa:

"Quero ganhar um dinheiro para comprar uma casa para poder voltar para a rua".

Não sei se entendo esta frase. Mas ela me ilude, e isso me satisfaz. A casa do louco de rua é o seu corpo. Ele não precisa de uma casa para poder ir lá fora. Esmeralda precisava. Por isso ela é uma gregária, nada de eremita.

Todos precisam de casa. A maioria o faz de algo da natureza. O nosso louco eremita, sem amanhã e sem gavetas para o passado, é aquele que se fez casa.

Solidão na multidão

É sábado de manhã no Parque do Ibirapuera.
Uns andam, outros quase correm, outros tantos correm; uns sozinhos, outros em pares, uns poucos em família. Nada de patota, isto é, interação. Nada de contato; cada um consigo mesmo. Talvez eu tenha notado isso porque era nova no pedaço. Nunca estivera por aí antes. Não, não que eu tenha vindo para observar, mas a vista do isolamento de cada um atravessou-me e chocou minha consciência. Cada um – uma redoma. Redoma de si mesmo. Percebi que os olhos enxergavam mas não viam, como quando "zappeamos". E garanto que nem todos são viciados em TV. Acredito que estas mesmas pessoas em outros ambientes sociais, como praia, rua, hall de cinema, disponham de outro olhar para usar.

Depois de perceber este insólito, mantive-me observando. Agora de propósito. Parece-me que não estão "zappeando" somente fora de si, mas dentro de si mesmos também. Para fora, o olhar perambula como se evitasse focalizar (*não observe se não queres ser observado*). Para dentro de si mesmas, o "zapp" perambulava dentro do corpo acompanhando o movimento das sensações que o exercitar desperta.

.Acompanhando essas redomas em movimento que não pousam seu olhar nas outras redomas, lembrei-me de expressões que venho ouvindo há pelo menos vinte anos: "Fui caminhar no Ibirapuera", "Ando no Ibirapuera", "Corro no Ibirapuera", "Hoje não fui ao Ibirapuera". Se ouvi falar de encontros amorosos, paqueras no Ibirapuera, foram tão raras que esqueci. Referências desdenhosas ou gozação de gordura, magreza, má-formação, parece-me que nunca escutei. É muito curioso que, apesar do grande número de pessoas que lá vão sistemática e freqüentemente, elas não consideram esse lugar no qual se têm uma posição, um *status*. Nem bom, nem mau. Simplesmente não é um lugar para comparações. E olha que a maioria está na flor da idade.

Continuei mergulhada no meu voyeurismo, espiando aquelas pessoas se movimentando com tal liberdade que fui ficando invejosa. Pareceu-me que cada uma das pessoas que ali estava tinha certeza de que este era seu lugar, mas simplesmente para estar, não para comparar, competir ou estabelecer hierarquias.

Existe um clima de liberdade, do qual todos usufruem, e que não tem função paralisante, muito pelo contrário. Cada um pode propor, e parece que se propõem mesmo, um objetivo seu, próprio. Um quer emagrecer, outro manter a saúde, melhorar a respiração, meditar, rejuvenescer, e tantos outros objetivos em que o ponto de partida e o ponto de chegada estão dentro de si mesmos de acordo com seu desejo pessoal, e não na comparação com os outros. Cada um com seu peso, sua envergadura, sua altura, seu tônus muscular.

Tem até quem vem com *personal trainner* e com ele interage. Muitos, em pares, adaptam-se um ao ritmo do outro. E caminhando passam por uns que fazem alongamento, por outros que pulam corda, por outros ainda que respiram; são ultrapassados pelos mais rápidos e ultrapassam os mais lentos. Todos, como se diz, "na sua", sem se trombar e sem se vigiar.

Na maioria dos lugares, como praia, baile, rua, piscina, as pessoas se olham, se medem; no Ibirapuera não vi isso acontecer.

Quando num espaço social não estruturado, as pessoas tendem a lançar mão de uma sabedoria que todos temos dentro de nós, mas nem sempre usamos.

No Ibirapuera, temos um espaço geográfico, um objetivo pressuposto pela forma de urbanização e certo número de pessoas. Se tiver gente demais, há espaço de menos; se a urbanização for confusa, é provável que surjam grupos instituindo a lei do mais forte. Aquele espaço não foi concebido para nadar, voar, nem para atividades grupais como vôlei, tênis, basquete ou futebol. A urbanização do Parque do Ibirapuera propicia caminhar, correr, deitar, isto é, fazer ginástica e repousar. E é isso que as pessoas fazem sem que haja necessidade de um mestre, chefe, polícia, ou qualquer tipo de hierarquia. Não é uma escola. Todo mundo pode começar no seu ritmo para chegar ao ritmo que quiser. Amparados por um equilíbrio entre espaço, número de pessoas e adequada urbanização, dispensamos a burocracia. Esse espaço admite de principiante a maratonista, de criança a ancião. Sabe-se que não tem vestibular, nem quadro de avisos. É só ir chegando. Com a roupa que quiser. Nem uniforme se imita sistematicamente.

Para evitar confrontos e atropelos, usufruir da liberdade que aí existe sem qualquer intervenção verbal, os seres humanos lançam mão do que têm de melhor: a capacidade de organizar-se de tal forma a substituir instâncias de repressão, leis, multas e cassetetes.

De manhã, ou quem sabe à tarde também, no Ibirapuera, no Parque Villa-Lobos ou no Alfredo Volpi, podemos encontrar um modelo glorioso do que o homem é capaz, em equilíbrio e harmonia, quando sabe o que quer, a que veio e encontra espaço para tanto.

No meu caso, encontrei no Ibirapuera, num sábado de manhã, um modelo maravilhoso do que somos capazes quando nos são dadas as condições adequadas.

Tabu pra valer

Se uma grande transformação ocorreu desde o começo dos Mil e Novecentos, foi na relação que mantemos com o sagrado, com os tabus em geral. Já se tinha muita fé na ciência, mas ela não conseguia destruir nossas crendices e superstições. Lembro-me do *frisson* das crianças ante a idéia de tocar a hóstia sagrada fora do ritual da comunhão. Não era preciso ser católico para *sentir* que ela era intocável. Na minha fantasia de criança, morder a hóstia era morder carne mesmo, e isto encheria a boca de sangue. Não que alguém me tivesse dito isso, assim, cruamente. Mas ficava subentendido pelo dogma da transubstanciação que não dava para entender. A manga misturada com o leite sabia-se que fazia mal. Mentir na confissão, tentar enganar Deus, eram situações impensáveis.

Desobedecer a um tabu era atravessar uma linha divisória, imaginária, entre o sagrado e o profano, entre tradição e invenção. Inventar se podia, desde que preservando o herdado, o sagrado.

O temor de dores e de castigos que poderiam nos atingir em caso de desobediência aos dogmas vai se diluindo cada vez mais. Deus nos livre de passar debaixo de escada. Batemos três vezes na madeira para evitar o azar. Entramos no avião com o pé direito.

Não colocamos a bolsa no chão para o dinheiro não ir embora. Quando o espelho quebra, lembramos dos sete anos de azar que nos esperam, mas nem por isso ficamos com muito medo. Tudo isso com uma certa ironia, pelo sim, pelo não. Não é o medo explícito do castigo. É quase tique. Levamos a sério dogmas que não respeitamos. A razão parece ter ocupado bom naco de espaço entre nós e o mundo. Não acreditamos mais, como antes, que a desobediência a certos preceitos sagrados, por impensáveis que sejam, será punida.

Há sessenta anos, quando criança, lá no meu bairro havia uma norma, a que se obedecia como se tivesse que ser assim para sempre: o namoro sério era aquele das terças, quintas e sábados. Nesses dias os moços e as moças que não namoravam iam para o *footing*, em que os moços ficavam parados e as moças passeavam de lá pra cá, em geral de braços dados.

Os que já namoravam estavam no portão, no cinema ou no sofá das salas de visita. Namorar ou ir ao *footing* era permitido, desde que regras fossem obedecidas. Ai do moço que não conhecesse as regras e fizesse a burrice de marcar um encontro para segunda, quarta ou sexta. Era confissão de que nas terças, quintas e sábados namorava outra.

O domingo era da família. Namorado não é família. Só noivo ou marido. O namoro começava no portão e no cinema. Em casa só se entrava quando estivesse esclarecida a intenção séria do rapaz.

Meus leitores irão perceber que eu estou falando de hábitos e costumes da classe média baixa e do operariado em que, as feministas que me perdoem, as mulheres já e sempre exerceram as famosas e decantadas duplas ou triplas jornadas de trabalho. Não se fazia por gosto. Nessa época, casar bem era não ter que trabalhar fora. A dupla jornada é uma injustiça, mas nós lá na Lapa sabíamos disso desde sempre.

Perdi-me em divagações nostálgicas, mas quero deixar claro que não proponho nenhum retorno. Até porque, que me lembre, ninguém chorou o fim desse tipo de ordenação social. Não passam de evocações das minhas primeiras observações "sociológicas" de menina.

O novo "dogma" da racionalidade transformou-nos em soldados positivistas que vão derrubando tabus, diluindo as fronteiras entre o sagrado e o profano, sem contudo atribuir a esta mesma razão o poder de selecionar o que queremos de fato suprimir e o que não só pode ficar, como é do nosso interesse.

Nem todas as regras rígidas ou mesmo tabus podem ser suprimidos sem provocar danos. Veja-se, por exemplo, um dogma recente e útil, pois evita conflitos: exige-se solidariedade entre colegas de trabalho, homens ou mulheres, para que não se denunciem os namoricos, as paqueras ou os amores que ocorrem ali. A fofoca nunca chega aos cônjuges dos envolvidos. Esta norma se sobrepõe no cotidiano à própria solidariedade feminina ou masculina que em geral costuma ser um vínculo forte. É uma forma de corporativismo que tem a função de preservar a convivência pacífica e certa liberdade no local de trabalho e fora dele também. Ninguém diz para o marido da colega se ela canta ou é cantada por alguém, nem se ela é eficiente, se ela está bem ou mal no trabalho. Assim, a separação entre o espaço de trabalho e o espaço social sendo preservadas, as dificuldades de um lugar não contaminam o outro e nos mantemos seguros. Só comentamos fora do emprego, sobre a pessoa envolvida, se sabemos que a informação já vazou. Esse tipo de regra, que é chamada pelos especialistas de "estrutura de comunicação informal", não pode ser ensinada, deve ser percebida.

Divaguei um pouco, acabei falando mais de casais.

Um casal, além de sua intimidade corporal, desfruta de um conjunto de interações entre impressões, pressões, humores, algumas verbalmente comunicadas, outras apenas percebidas. Existe um conteúdo vivido a dois que constitui a cumplicidade necessária. É como uma nuvem que envolve o casal, célula matriz do social, e funciona como um tabu. É gerado na vivência do casal. É quase um território sagrado. Um tipo de isolamento com limites e fronteiras nada diluídas. Esta nuvem é única e define o casal, acompanhando-o enquanto durar a cumplicidade. Muitas vezes um casamento já não dura, mas remanescentes da nuvem acompanham as duas pessoas.

Constitui a nuvem desde as mais inocentes vivências até as de foro criminal. Elas podem ou não ser partilhadas com o mundo externo, mas a decisão de abri-las é do casal, não do indivíduo. A abertura unilateral é sentida como traição. A ruptura do casal ameaça elementos afetivos que são partes importantes da intimidade. A ameaça de ver expostas as alianças, cumplicidades, traições, maldades que esta nuvem contém, e que constitui a característica deste casal no mundo, tem efeito desequilibrante para a estrutura interna de cada um. O rompimento, pois, de um casal, não só é um terremoto na ligação das duas pessoas, mas também de tudo aquilo que, desta vivência, foi formando cada um de *per si* e o par em si. É, portanto, um terremoto inter e intrapessoal. Quando vamos vivendo e gerando esta nuvem nos amarramos nela e ela nos invade de forma a parecer uma relação de múltiplos vasos comunicantes.

Quando modernamente os jovens falam da amizade colorida, estão falando de uma relação afetiva, sexual, social, mas na qual não se acumulam elementos para a formação da nuvem de cumplicidade, em que não se permite a geração de intensidade suficiente para que venha a constituir-se um casal interligado. Querem brincar de casal sem a riqueza e sem o ônus que tal nuvem traria.

Escolhi a imagem da nuvem porque vejo a alcova transcendendo as paredes do quarto. É o espaço e o tempo de convivência, é a intimidade, é a cumplicidade que vai gerando uma subjetividade terceira, nem dele, nem dela. Por aí podemos começar a entender a função que tinha a terça, a quinta e o sábado, o namoro no portão, as festinhas de aniversários etc. Era a sociedade protegendo e organizando as etapas e o ritmo da formação da nuvem que é produto do casal e o constitui. Hoje cada casal é responsável pelo tempo único e pelo espaço do seu destino. Antigamente a sociedade dava uma boa ajuda mantendo certos rituais.

Imagino a dificuldade de manter o sacramento da confissão e o seu conteúdo inviolável se os sacerdotes tivessem o direito ao casamento de verdade, com nuvem e tudo. Romper a castidade não é a mesma coisa que casar. O tempo que se projeta viver junto (até que a morte nos separe, para o bem e para o mal, na saúde e na doença...) é feito de ingredientes que a mera ruptura da castidade ou a amizade colorida não produziram.

O capricho no mundo dos eletrônicos

Um dia, meu neto de cinco anos de idade, sentado no chão desenhando disse:
"Vó, me dá uma borracha."
Vou à minha escrivaninha e acho um lápis com borracha na ponta. Parece que não serviu. Pede de novo:
"Vó... quero uma borracha direito." Respondo:
"Acho que só tenho esta." Ele levanta sua cabecinha loira, olha nos meus olhos com grande seriedade e arremata:
"E o que você faz quando erra?"
Não tinha resposta para dar, mas fiquei contente. A primeira idéia que me veio ao ouvir a sua fala foi que ele havia descoberto que não há acerto sem erro. Isto é, que não se aprende nem se amadurece sem errar e corrigir.

Essa sabedoria não é só um dom inato; foi despertada por sua avó paterna (eu sou a materna) com quem Thiago sempre passou duas ou mais tardes por semana. Dona Zaíra era daquelas moças do interior que quando passava a ferro uma chita ela ficava parecendo seda. Era capaz de fazer centenas de docinhos de festa absolutamente iguais uns aos outros. Não desviava a atenção do que fazia; se necessário, refazia, corrigindo-se. Foi dona Zaíra quem ensinou, sem dizer nada, apenas fazendo na frente dele, que erro e acerto são parte de uma mesma coisa. Ele não nasceu sabendo.

As contingências necessárias para esta interiorização estão na gratificação que temos quando acertamos. Nem todos nascemos bem-dotados para o capricho, mas somos treináveis para chegar pelo menos a uma média necessária. É no esticar diário do lençol, no bem dobrar das roupas, limpar a água que caiu, no respeitar a borda do prato para não sujar a toalha, e na mesa que arrumamos com zelo, que estamos ensinando gestos de capricho e atenção. É dessa maneira que aprendemos a ingrata, porém desejável tarefa de perceber nossos próprios erros para poder aperfeiçoar nosso fazer.

Quando o acender a luz do lampião foi substituído por um dedo no interruptor, quando o rascunho passou a ser visto como ameaça à criatividade, quando o lençol esticado – assim como bons modos – passou a ser frescura, perdemos o campo natural da formação de atitudes. É preciso repor o adestramento do capricho e da atenção, pressuposto básico no contato adulto/criança, sem, contudo, eliminarmos o que é obtido com a espontaneidade e a criatividade. O adulto realizando suas tarefas, demostrando alegria no acerto e no bom acabamento, e aceitando os defeitos como contingência de vida, já faz a sua parte.

Falta precisão e capricho em quase tudo o que é feito ao meu redor. O encanador volta três vezes para acertar um vazamento, o eletricista junta e isola os fios pessimamente; as costureiras não alinhavam e as roupas não caem bem. Quem escreve, não relê o que escreveu: desapareceu o rascunho. A criança não faz caligrafia, cópia ou ditado. Ninguém é levado a lidar com seus próprios erros.

Embutidos na produção de qualquer coisa, inclusive do que é industrializado, há sempre uma margem de erro. Para consertar é preciso primeiro achar o defeito. Isto demanda atenção. Todos já experimentamos o desespero de procurar consertar um carro em concessionária ou distribuidora. O que se pede do operário na produção industrial é aptidão de fazer certas operações em ritmo previsto. O conserto do erro, pois, pede outras aptidões, como atenção, paciência e precisão.

Rareiam as pessoas que prestam atenção no que fazem, que conseguem persistir até resolver o problema. Só mesmo aquelas que são assim por natureza.

O objetivo primeiro na educação era formar boas atitudes, especialmente o capricho, descendente direto da atenção. Ensinava-se a guardar, a dobrar, a arrumar, fazendo isto junto com a mãe ou com a professora ou vendo-as fazer. Existia até nota para ordem e aplicação nas escolas.

Se o que se escreve é para ser lido, então caligrafia continua importante. Apesar da eletrônica e da informática, as professoras continuam precisando de boa letra para escrever no quadro, recepcionistas devem tomar recados legíveis, o marceneiro precisa anotar corretamente as medidas. Por incrível que pareça, a escrita manual sobrevive e tem função.

Há cinqüenta anos, durante a Segunda Guerra Mundial, a indústria e o exército exigiam um maior número de pessoas espontâneas, livres, criativas e com liderança do que havia disponível no mercado de trabalho. Começaram-se então a desenvolver técnicas de treinamento para aumentar o número dos "criativos". Antes a criatividade, a liderança e a espontaneidade sempre foram vistas como dons inatos, enquanto atenção e capricho eram treinados.

Quando aderimos ao treinamento da criatividade e da liderança, entendemos erradamente que pedir atenção, capricho e ordem anulariam a outra tarefa, como se elas fossem mutuamente exclusivas. Com certeza no processo de amadurecimento ambas podem e devem coexistir. Assim como o acaso não fornece em número suficiente pessoas com liderança e criatividade, também não fornece pessoas atentas e caprichosas na quantidade necessária para as tarefas em que elas são exigidas modernamente.

O ato mais freqüente que uma criança vê, hoje em dia, são adultos pressionando teclas ou botões. É assim que surgem a luz, o gás, os cremes no liquidificador, as imagens nas telas, os sons nos alto-falantes. Acredito que este automatismo não possa ser entendido pelas crianças pequenas. Antes, acender a luz era um longo processo de não-automatismo. Limpava-se o vidro do lampião, arrumava-se o pavio, punha-se o querosene com cuidado para não derramar, carregava-se o lampião com cuidado, e tudo isso sob o olhar da criança. Em pouco tempo ela percebia uma relação entre acerto, cuidado e zelo e sua importância; via também que errando as conseqüências eram imediatas para aquele que estivesse acendendo o lampião. O erro não estouraria nas mãos de um consumidor anônimo e distante, mas sim daquele que tinha feito toda a preparação.

As crianças acompanhavam os inúmeros gestos do cotidiano e não apenas o inocente apertar de botões. Sendo que estes, se não resultar em luz, não se sabe a quem ou a que culpar. No mundo dos botões o erro está sempre longe.

Antes do mundo da obsolescência programada, as crianças viam as mães cerzindo meias, que, se não fosse bem-feito, ia doer no pé.

A conseqüência de um desmazelo era sensível e visível. Ainda me lembro de quando, mesmo a costura feita à máquina, não estaria pronta antes de ser submetida ao crivo do olhar da costureira, que volta e meia parava de costurar e passava sua unha pelo que tinha sido costurado, para que nada ficasse repuxado.

As crianças assistiam a isso tudo como parte de sua formação como futura mão-de-obra profissional. Hoje, o controle de qualidade da execução é feito por outros, não pelos que cometeram o erro. São detectados por outro setor, longe de onde se cometeu o deslize. Na ânsia de produzir, ninguém olha para o que fez, será outro alguém em outro andar que irá separar as peças defeituosas. E a revisão nem sempre feita um a um, mas sim por amostragem. Este contexto cria uma falsa realidade em que inexiste o ato de errar. Quando pilhada em erro a pessoa se assusta, como se fora ela a defeituosa, e não sua execução que pode ser aperfeiçoada.

Somente no esporte e nos recém-chegados videogames é que a criança encontra gratificação e punição embutidos no mesmo processo. Na maioria das atividades detectar o erro é responsabilidade da outra instância, departamento de controle de qualidade ou o próprio usuário final. O próprio corrigir passou a ser uma profissão.

O "dom" da atenção, do capricho e da ordem traz em seu bojo tolerância com nossos próprios erros e a aceitação do "não saber". Muitos se sentem destruídos quando percebem que erraram. Hoje em dia, em nome de não inibir a criatividade, deixam-se crianças apresentarem produção inacabada e tosca. Sendo assim, só podem desenvolver a sensação de inutilidade de tudo o que são solicitadas a fazer. As técnicas pedagógicas e seu excessivo apreço à espontaneidade deixaram de lado o aperfeiçoamento da execução. Todo mundo – crianças e jovens inclusive – gosta de coisas que funcionam e dão certo.

Formar bons hábitos de execução e manter a espontaneidade não são mutuamente exclusivos, mas foram por muitos anos tratados como tal. Pegou fundo em várias gerações a falta de familiaridade com o erro e a difusão da fantasia de que "se eu for o bom, acerto de cara" e de que acertar de cara é que é o natural.

É observando fazer que aprendemos o gesto e como fazê-lo. Se pudermos, e com certeza podemos, arrolar atitudes que tragam o prazer do aperfeiçoamento na execução, e aceitarmos que elas podem conviver com espontaneidade e criatividade, poderemos pensar esse todo, organizar e testar procedimentos em nome de desempenho mais satisfatório.

É só corrigirmos a falsa percepção de que educação para o capricho é incompatível com criatividade e liderança.

A televisão

Todo mundo (ou será que é quase todo mundo?) precisa de momentos em que pode, sem medo, ficar desavisado como se mergulhasse num enlevo. Escolhi estas expressões para denominar certo estado de ânimo. Se não ficarmos desavisados, longe das tensões que os perigos do mundo suscitam, não relaxamos e muito menos dormimos sossegados.

O mundo é mesmo muito perigoso. O que os nossos cinco sentidos contam, aliados às nossas experiências de vida e tudo o que temos guardado na memória, exigem prontidão – em legítima defesa! Diria até que estar acordado é estar consciente dos limites impostos pelo organismo e dos perigos que nos rondam, e que geram uma realista sensação de fragilidade. Certas formas de isolamento constituem recurso eficiente para certos perigos. Manter boa saúde protege de outros tantos. Como estamos à mercê de tudo de ruim que o universo contém, desde o microscópico vírus até perigos sociais, corpos celestes, epidemias, guerras etc., toda defesa é pouca. A consciência de que nossa vida depende de distância disso tudo exige prontidão – e isso cansa.

Para podermos reaver nossa inteireza, integração e estabilidade, precisamos de trégua. Os momentos de enlevo constituem essa trégua, durante as quais ficamos um pouco como "tolos", confiantes, entregues a uma ilusão de segurança. Os perigos continuam presentes, nós é que não os sentimos ao nos esquivarmos deles. Ficamos desavisados, enlevados, em alfa, zen-burristas. Passa-se obrigatoriamente por isso para poder adormecer ou relaxar. Não há um caminho só para induzir a esse estado. Podemos meditar, orar, ler (não estudar), contar carneirinhos, ou seguir qualquer outro ritual.

A repetição, sempre igual, nos assegura de que se ontem dormimos ou relaxamos a salvo dos perigos, basta repetir hoje, para que amanhã acordemos tão vivos quanto. Modernamente, esse processo ganhou um novo recurso que funciona para muita gente. Ligar a televisão e recorrer ao zap salvador.

Como quem não quer nada, lancei aí uma nova função para a televisão. Conforme as ondas e os fios elétricos envolvem o planeta, levando para a tela tudo o que nos ameaça e também tudo o que nos encanta, na forma de faz-de-conta, enfrentamos face a face o mundo agora domesticado. Na tela o bonito fica mais bonito, e o perigo se torna um verdadeiro leão desdentado. É uma maravilha! Guerra, violência, dor-de-cotovelo, doenças, tudo ali na nossa frente, sem a menor possibilidade de nos atingir. E se até a simples visão deles incomodar – zap. Não mais precisamos de mestres para chegar ao nirvana. Mesmo a oração ou o ritual noturno de cada um fica dispensável. A televisão é o grande sucedâneo da interiorização. A monotonia das rezas, da repetição dos mantras, das cantigas e histórias infantis, sempre tinha a missão de gerar um cordão de isolamento protetor. Ficou difícil competir com a TV, que nos põe esse poder na ponta dos dedos, e ainda pode nos trazer o mundo rosa da ilusão. O *mal* e o *bem* ficam atrás da tela. Meditamos, oramos, lemos, vemos televisão antes de dormir, para desligar do mundo, de perigos de fato existentes, e que sabemos que nos ameaçam. Na ilusão da segurança, adormecemos.

Só um senão para a televisão. O desavisado, feliz por ter o mal domesticado dentro da TV, com o mundo. Por exemplo, induzem ideologias e atitudes. Desavisados, recebemos tais mensagens com a crítica rebaixada.

Assim como a criança só dorme tranqüila depois de um assegurador ritual que lhe garanta acordar feliz, protegida dos monstros, nós também, com outro discurso, seguimos o mesmo caminho.

Não podendo viver sem medo, usufruímos das tréguas que tão bem sabemos usar.

Dias de comprar e de festejar

Nós que não produzimos quase nada do que usamos; que não conhecemos quem cria o que usamos; nós que não temos a menor idéia donde vêm as "coisas" e os serviços que consumimos ano após ano, por que nos queixamos, se tudo, até as datas mais íntimas, torna-se cada vez mais comercial? Justo nós que quase tudo compramos!

Até entendo, mas não me conformo. Ano após ano, todo mundo xingando e dizendo que os tempos modernos não fazem mais do que tirar a pureza e desvirtuar as datas tradicionais. E não é só isso. Reclama-se do comércio que inventa novas datas (como o Dia da Criança, Dia dos Pais, Dia dos Namorados) para melhor faturar.

O Dia dos Namorados mal acabando e o Dia dos Pais já chegando.

De fato, comemorar hoje em dia inclui fazer compras, pedindo embalagem personalizada para presente.

Antigamente, presentear era diferente, mas também o mundo todo era diferente. Por exemplo, um grande número de objetos de uso diário não era comprado, era feito em casa. Há menos de cem anos, até o sabão muita gente fazia em casa. Isto para não falar em xampu, que era sabonete ralado, e de areia que fazia as vezes do sapólio. As roupas brancas eram bordadas em casa, branqueadas no quarador ou com anil.

Já lá vai sumindo no horizonte o tempo da costura caseira, dos doces caseiros, de horta no quintal e do tricô nas horas vagas... Meses antes do Natal, anos antes do casamento, começavam os preparativos que eram feitos em casa, com as próprias mãos e com as mãos de pessoas prendadas da vizinhança.

Hoje trabalha-se mais para ganhar o dinheiro com o qual se compra o que não se faz com as próprias mãos. Estamos chegando ao pico da terceirização. Hoje nem mesmo o pacote é feito em casa: encontramos nos jornais anúncios de pessoas que se oferecem para embalar os presentes (personalizados!).

Apesar de importantes, as festas não são só troca de presentes. Elas constituem momentos, dias e horas em que certas transgressões são liberadas, permitindo-se até alterações nos estados de consciência. Sabemos que desde que o homem é homem, ele tem, em seus grupos de convivência, tribos ou nações, rituais estabelecidos com os quais estados normais de consciência são artificialmente alterados. Isso é obtido especialmente pelo rufar sincopado de tambores, pelas danças (movimentos que não são feitos no cotidiano), pelo fogo, pelas bebidas, fumaças, pelos sabores diferentes e até pela surpresa que causam os presentes lindamente embalados. Os rituais próprios de cada festa geram sensações diferentes que modificam estados de ânimo.

Trocar presentes é se surpreender ganhando o que não foi comprado. É receber pacote que não se sabe o que têm dentro. Daí a importância da apresentação, da embalagem. Cada festa tem sua música, seu cardápio de sabores e odores, suas danças e seu "inebriante" oficial: champanhe e quentão, lança-perfume e incenso etc.

Não se conhece um povo destituído de rituais. Parece ser uma necessidade da vida comunitária.

Pode-se apontar pelo menos mais um aspecto importante do ritual comunitário das festas, aquele ligado ao tempo.

Esperar é ter esperança. É imaginar hoje aquele dia que sabemos que virá. É recordar as festas passadas. É alimentar a ilusão de ser um pouco profeta de sua própria vida conhecendo o que vem pela frente. Assim, compartilha-se de uma visão de futuro, de uma esperança de estar vivo até lá.

Festas libertam, os rituais alteram estados de consciência, fortalecem cada um ao permitir a antevisão do futuro, gerando expectativas.

Cada nação, cada tribo, cada grupo recorre ao seu contexto histórico e cultural para gerar os seus rituais. Vivendo como vivemos um aqui-agora de terceirizar o máximo de tarefas, a ação de compra/troca de coisas só pode ocupar um enorme espaço nos rituais festivos. A troca de presentes infiltra-se nas festas tradicionais substituindo outros rituais, gerando até novas datas e, se possível, enfraquecendo aquelas em que a troca material não encontra espaço. O carnaval, por exemplo, vem se enfraquecendo como festa de participação popular, torna-se cada vez mais espetáculo a ser comprado e vendido.

Certas festas religiosas também não desaparecem, mas vão se transformando. A quaresma não é mais um período em que é proibido cantar e dançar. Só sobrou como o tempo do peixe caro e da importação do bacalhau.

Enquanto as datas tradicionais se comercializam, outras são geradas pela mola propulsora central da nossa cultura, que é o ter. Por isso, compra-se, acumula-se, troca-se. Enquanto não se modificar a mola propulsora, vai ser sempre assim.

Mas não esqueçamos jamais que os seres humanos precisam de alguns dias diferentes dos outros para ter o que esperar e ter esperança. E também para gozar de alguns momentos de tolerância às pequenas transgressões. É a sociedade sabiamente se controlando, gerando seus pequenos desvios.

Amanhã

Democracia para os sem-diploma

Há pouco tempo, quando jovens oriundos da classe média ascendente ou da burguesia não queriam seguir do colegial para a universidade, como era esperado, famílias inteiras entravam em polvorosa.

O que vai ser dele?, perguntavam-se todos. E a vida na casa virava um pesadelo.

Nessa virada para o século XXI vemos proliferar profissões de prestígio que exigem destreza, talento e conhecimento, mas não obrigatoriamente diploma. Muitos filhos de famílias em que pai e mãe ostentam diplomas universitários optam por artes/artesanato, artes/comunicação, artes/artes. E estes não são mais "banidos" da família se abrirem um pequeno comércio de coisas especiais ou que tenda para o *design*, partindo da marcenaria, ou para a confecção partindo da moda/estilismo.

Não é do curso universitário de nutrição que o jovem embarca na carreira de *chef*, e sim pela prática do fogão, eventualmente por um curso breve no Senac. Só muito eventualmente, e não obrigatoriamente, alguns *chefs* ostentam cursos de hotelaria. O mesmo ocorre na jardinagem/paisagismo, ourivesaria, tecelagem, criação de papéis especiais, além de música, teatro, esportes, atividades ligadas ao bem-estar, como massagem e ginástica.

A posição social do artesão que cria todo esse "luxo sob medida" sofreu enorme transformação nas últimas décadas. Se é por isso que se formou essa nova elite ou se foi essa nova elite que provocou esta mudança, não sei. Ocorreu paralelamente com certeza.

Até meados do século XX, aqueles que se tornavam especiais entre os especiais, os artesãos artistas, eram valorizados, prezados, respeitados e até, de certa maneira, festejados. Cada consumidor orgulhava-se, exibia ou até escondia seus artesãos. Mas até muito pouco tempo atrás, por mais preciosos que fossem, entravam pelos fundos, ou pela porta lateral. Podia haver até intimidade, mas nunca um convívio público. Atualmente, os artesãos/artistas são esperados na porta da frente e exibidos como trunfo na vida pública de seus clientes. E nos penúltimos tempos andam penetrando até no afetivo e no familiar.

As críticas incessantes da mídia ao estilo de vida que os executivos de grandes corporações levam influenciam os jovens bem informados a se desinteressar por essas carreiras. Eles não se deixam seduzir pelo "canto das sereias" de promessas de viagens, hotéis, prêmios e outras tantas mordomias. A idéia de qualidade de vida passa a ter uma influência decisiva na escolha da carreira.

Paralelamente à importância da qualidade de vida, os jovens sentem uma pressão forte e ininterrupta para se distinguirem do anonimato. Para tanto, pelo menos dois caminhos estão abertos: o da criação e o do uso de objetos especiais que vão definir um estilo.

O primeiro passo desta escalada para a modernidade está em ser pelo menos igual aos outros, para imediatamente depois procurar uma forma de emergir da igualdade para a individualidade. A produção industrial em larga escala responsabiliza-se por suprir o necessário para este primeiro passo.

Os artífices que esculpem e projetam as novas possibilidades de ser e de usar foram agraciados com uma posição preferencial na escala social. Isso vem abrindo um enorme leque de opções de carreiras novas que antes pertencia exclusivamente à classe média baixa.

Assim, hoje, a bordadeira, a modista, o ourives, o *designer*, o *chef*, o dono de pousada, vão adquirindo *status* da nova e invejável elite que tem a função de realimentar a si mesma e a seus pares.

Essa transformação vai mexendo com o esquema de profissionalização, tema para uma futura crônica. Só vou adiantar que um dos atrativos dessas novas profissões nobres e assinadas está na liberdade de se escolher o próprio mestre com quem aprender, enquanto a formação tradicional impunha aos alunos necessidades de um certo saber e determinados professores. Quando o jovem se afasta dos caminhos tradicionais, não só escolhe novas carreiras, como também um estilo de vida e, de certa forma, um naco de liberdade.

O sobretudo, o saco plástico e o lixo

Tudo o que consumimos é embrulhado em plástico: o lixo que não sabemos onde pôr. Quanto mais consumimos, mais lixo fazemos. Mesmo onde o consumo é baixo, como em lugares pobres, afastados, de pouco comércio, um certo tipo de lixo vai chegando. Tampinhas, lacinhos, caixinhas, invólucro de bala. As havaianas vêm em saquinhos de plástico, em resumo, mesmo o consumo de baixo preço gera lixo que fica aí, coalhando o mato, a mata, os ribeirões, as praias, em volta das estradas e caminhos.

Mesmos o sobretudo, que compramos, quando muito, duas ou três vezes na vida, hoje em dia chegam lindamente acondicionados em elegantíssimos enormes sacos plásticos que levam décadas para desaparecer quando de volta à natureza em forma de lixo.

Venho chegando de um canto remoto do mundo onde os moradores, por um acaso do destino, estão muito preocupados em não coalhar o seu chão com o lixo destrutivo. No distrito de Santo André, na foz do rio João da Tiba (BA), fala-se mais em lixo, em suas várias formas, de saco plástico a fossas ascéticas. O consumo nessa vila é mínimo: um supermercado e alguns vendedores de acarajé e pastel, o resto é comprado em Santa Cruz de Cabrália. Mesmo assim nessa aldeola onde até há poucos meses nunca se tinha visto uma barata nem um rato, já encontramos a promessa de lixo eterno, o plástico.

Mencionei o sobretudo no título como um exemplo de um objeto de outrora que pertence ao mundo dos guardados, assim como um quadro, uma caneta Mont Blanc, uma jóia. Eles geram quase zero de lixo desde sua concepção até seus últimos dias de vida. Certas coisas não vão para o lixo nem hoje e provavelmente nunca. O sobretudo, por exemplo, depois de anos de uso pelo seu primeiro dono vai para o porteiro, para o motorista. Não vai para o lixo. Outras coisas vão da mão para o lixo e do lixo para o lixão na direta dependência da eficiência do serviço de coleta.

No tempo do sobretudo, que hoje em dia poucos têm, até por causa da mudança do clima, o papel de embrulho era dobrado e guardado, assim como os barbantes. Existia na ciência culinária a arte de transformar as sobras. As mais prendadas sabiam o que fazer com as cascas, com os restos e até com as cinzas do fogão a carvão ou a lenha.

Hoje a indústria já trabalha criando a obsolescência que faz muito lixo, com o qual mal-e-mal sabemos lidar. Tudo que é descartável liga-se a um gesto cada vez mais freqüente: jogar no lixo.

Outrora apontava-se o lápis, os erros eram corrigidos com borracha comprada quadradinha e pelo uso ficava pequenininha e redondinha. Já os sobretudos rendiam bem um ano de projeto e muitas dúvidas até chegar ao alfaiate. E o capotão velho já tinha dono previsto. Nada de lixo. Nada de voltar atrás na história, só lembrar como era o tempo em que dava para viver bem produzindo menos restos. Não dá para acabar com o consumismo só porque o lixo é um problema, mas Santo André da Bahia pensa nisso antes de entrar no consumismo. Lá, como tem que se viajar muito até chegar à primeira cidade, que também não é uma metrópole, compra-se muito menos por impulso, aparece menos para jogar fora, ainda se cerze roupa e o sapateiro faz salto, sola e às vezes meia-sola. Eu mesma ainda lembro do tempo em que a escova, o rodo e a vassoura ficavam com o cabo para baixo para preservar as fibras e a borracha.

O que tem a ver o sobretudo com a Bahia onde nunca faz frio? Nada. São fases diversas de uma mesma questão que vão resultar em "pensar no que se faz". Não comprar à toa, um certo carinho com o que temos, nem que seja o papel de embrulho que pode ser usado mais uma vez. É difícil ter carinho com o plástico; esse material que nos rodeia há meio século não consegue ter ligação com a gente, é feito para ser jogado fora. O sobretudo, o sapato, o lápis nos dão a sensação de tê-los, e é por isso que podemos ter apego a eles, assim como a uma jóia.

Eliminar o plástico é impossível, ele invadiu todas as instâncias de nossa vida. O meu sonho é viver num mundo em que a gente sinta vergonha diante de um lixo não-perecível jogado na beira de qualquer lugar. Se conseguíssemos injetar essa vergonha, transformá-la em questão de honra, não ver nem olhar para plástico usado, estaríamos a um passo de uma nova cidadania. Que bom seria se defendêssemos nossa própria honra quando reclamássemos com quem permitiu esse horror de permanecer.

Sou uma pessoa que quer fazer do lixo à toa um ultraje à cidadania. Seria ótimo se a criança fosse proibida de ver o lixo não-perecível. Se esta moda pegasse, seria bom demais.

Não podemos voltar ao sobretudo. As havaianas venceram. Os "tupperware" vieram para ficar. As fraldas descartáveis são uma necessidade. Mas quando a onda do mar chega e joga no nosso braço um pedaço de fralda, a gente não sente vergonha, sente o horror de que o lixo não-perecível se tornou um ultraje, proibido a menores de idade.

Verde-anil

Fechar uma torneira, apagar a luz, lidar corretamente com o lixo, hoje, no século XXI, não é apenas higiene ou economia no orçamento doméstico, mas é um grão de areia com o qual podemos ter a sensação de estar participando da salvaguarda das fontes de energia e vida. Especialistas não só sabem, como procuram divulgar há muitas décadas, o perigo do crescimento dos desertos, da poluição das águas, do ozônio que faz buracos na atmosfera. Os cientistas há muito sabem que a energia não é ilimitada, que a poluição destrói.

Hoje estes temas saíram do cerimonial dos congressos e do lufa-lufa dos laboratórios para as conversas de qualquer leigo.

Certos hábitos de esbanjamento nasceram das falsas ilusões de que tudo na natureza é perene, infinito e se refaz. Querer limpar o chão com a força da água é conseqüência direta ou indireta desta ilusão, como se a força dos nossos braços ou a pressão da água na mangueira criasse o turbilhão que varre os detritos dos quintais e calçadas para as sarjetas e bocas-de-lobo e pudesse ser feita indefinidamente. A aposentadoria da vassoura e do rodo é um desejo nada natural, pois o desperdício de água que provoca é chocante. Quase todo imigrante leva um tempo para acostumar-se com a visão do movimento dos braços e das mãos segurando um balde cheio de água limpa que é lançado ao chão com uma enorme força para que depois, e só depois, o rodo ou a vassoura retire apenas os excessos. E recém-chegados se perguntavam, para que tanta força e tanta água quando o movimento constante da vassoura, com um pouco de água, daria o mesmo resultado. Até hoje, já mais conscientes de que a natureza é finita, vemos a sujeira dos bares de periferia, ou mesmo do centro, ser eliminada mais pela força d'água do que pelo escovão, todas as noites.

No quintal cimentado o trabalho é mais difícil, pois as folhas, os papeizinhos de celofane, não escorregam. O chão de ladrilho hidráulico, outrora tão comum, também não se limpa fácil. Desde que a água foi encanada e o esguicho posto na mão de quem limpa, este vem sendo usado nas funções da vassoura. Quando não há esguicho, são os baldes. Quando não tem balde, tem esguicho. Vassoura e rodo parecem de identidade indesejável.

Vamos lá brasileiros e brasileiras de todo o território nacional! Tomemos a força d'água para limpar escadas e calçadas!

De repente, uma folhinha persistente gera uma luta. Pouco importa o tempo que leve, não nos damos por vencidos recorrendo à vassoura da bruxa ou à empregada doméstica para descolá-la. É água e mais água em cumplicidade com a teimosia querendo vencer a folhinha. Eu teimo, ela teima, e a água escorre pelo ralo, para a sarjeta e daí, pelos estranhos caminhos das águas usadas, vai dar num rio, mar ou lagoa. Nunca mais será boa, pura e transparente como no início do processo.

Talvez exista nesta imagem a fantasia inconsciente de sermos capazes de limpar o mundo com a força de nosso corpo e da água como extensão dele. A força d'água do balde ou do esguicho funciona como se estivesse incorporada ao nosso corpo. Já as duas mãos presas ao cabo de uma vassoura, não sei por que, insinuam fraqueza. Talvez pela associação com bruxa ou criada, que nenhum de nós, nem elas mesmas, querem ser. Curiosamente, esse mesmo corpo da mesma pessoa, sem a água, é sentido como potente se usado para dar brilho, outra mania nacional.

Se a incorporação da água fosse preguiça ou comodismo, nós não poríamos toda força de nossos braços para arrancar brilho de qualquer metal visível, em todo mármore e qualquer pedra. Para a brancura do mármore, o brilho das ferragens e pedras vale fazer força. Essa teimosia não é à toa, nem ao acaso. A água, do esguicho ou do balde, quando bate no chão, faz barulho e é capaz de gerar esse som que é uma mágica que nos ilude, de que mesmo sem toque sabemos que somos fortes. No que tange ao brilho, novamente fantasiamos uma força de que, só pelo toque, transformamos sujo em limpo, velho em novo, o embaçado em brilhante. Somos, pois, poderosos, milagrosos e infinitamente potentes se for mantida a ilusão, em nossa mente, de que a natureza e nossas forças são infinitas.

Eu já desconfiava de que isso fazia parte da mitologia nacional quando, comentando o assunto com uma amiga nordestina da caatinga, onde se sabe o valor da água, pois ela falta com freqüência, ouvi com surpresa que, quando tem água, mesmo lá ela é usada com grande esbanjamento. Parece que a falta d'água é vivida como um defeito temporário da natureza, e não como um possível processo de desertificação. Não é a água que vai embora. Ela está faltando agora, aqui. No planeta Terra ela seria infinita.

Não é só por aí que a nossa teimosia se manifesta. Aparece quando cismamos em desmanchar um nó, em arrancar erva daninha, em engomar cada e qualquer trapinho. Todos esses traços remetem, inevitavelmente, para o medo da finitude. Não queremos nem morrer, nem ver o tempo passar, nem perceber as marcas do tempo. Enquanto a roupa branca for muito branca, seja à custa dos mil e um tipos de Omo, seja pelo sol cozinhando as roupas no quarador, seja pelo anil que tinge de azul para arrancar o branco mais branco, nós nos especializamos em não permitir o surgimento das marcas do tempo.

Misturam-se, pois, o medo da morte, magia e milagre para a marcha das horas, meses e anos. Bem lavado, bem passado, bem engomado, bem dobrado – como novo. E a cada momento uma pitada de magia para enfeitar o milagre. Bem areadas as panelas, diz-se que são como novas, sem marca de tempo.

Nossas fantasias, misturando-se com os hábitos cotidianos, em estreita trama com traços de personalidade e tradição, ficam gerando a esperança de que conseguimos sempre e sempre o bem maior que desejamos obter: o controle sobre a dor e a morte.

Dentro deste caldeirão de esperanças e fantasias, fomos criados. É daí que sai o sagrado – o intocável. Dentro de casa lidamos com os objetos como se fossem totens, objetos sagrados, a serem para sempre preservados. Assim definido, o lar é um permanente processo de criação que se dá a partir do zelo, capricho e dos saberes de uma cultura tão impenetrável quanto o universo da magia.

Circulamos livremente no espaço do face-a-face afetivo-familiar. Os afazeres do lar, os cuidados do corpo, pertencem à tradição do relato oral e à imitação do gesto. Quando este universo é escrito, pode sair fora do âmbito familiar. De início ele toma a forma de correspondência, confissão ou caderno de receitas. Depois pode transformar-se em conto, novela, romance e crônica.

A posse de bens não-perecíveis, aqueles que não perdem o viço como madeiras de lei e metais preciosos, dá a cada um a segurança de que vai poder passar adiante a tradição embutida nesses bens, assim como os preceitos de como cuidar deles sem deixá-los envelhecer, se desgastar ou morrer. Isso se mantém vivo apesar da chegada dos aparelhos elétricos e eletrônicos.

Estes últimos, produtos do mundo profano, masculino, contaminam o universo intimista do lar por sua desejável rápida obsolescência, injetando a morte, é verdade que de uma forma desejável. Dois desejos, pois, se cutucam, gerando uma dinâmica muito especial. O sagrado, que queremos imutável (branco, brilhante, liso, eternamente novo), e o profano, que queremos transitório para melhores negócios da indústria e do comércio.

Queremos a geladeira mais moderna e a baixela mais antiga. Temos que deslocar fantasias, substituir desejos, reestruturar a dinâmica da mente para dar conta dessa dicotomia. A entrada dos eletroeletrônicos seculariza o lar ou, quem sabe, masculiniza o que até então era domínio exclusivo do sagrado e do feminino. Esse sagrado era o esteio da nossa força feminina. A mulher associada ao sagrado tinha um poder peculiar.

Nem pensem que seria bom ou possível uma volta. Não se pensa em voltar atrás. As transformações do cuidar da casa e dos filhos, até o século XIX, eram lentas e aliavam-se com o mito da vida eterna. Um dia, um mero secadorzinho de cabelo desmancha a imagem pueril dos fins de tarde em que os cabelos molhados escorrem em gotas lentas pelas costas, gota a gota, fazendo risca no branco do talco no colo empoado dos corpos infantis e femininos recém-banhados. Mas não é só isso que o secadorzinho faz. Além de mudar os hábitos e costumes, ele nos enfraquece, porque não sabemos nem construí-lo, nem consertá-lo.

E se vier um apagão? Não podemos mais voltar atrás. Temos que seguir em frente gerando novas formas de ser. Mas não é preciso chorar agora. O mundo do apagão, da falta d'água, vai nos levar com certeza a novas acomodações e a novas formas de viver – com e sem eletricidade. Vamos ter que lançar mão de muita espontaneidade para rapidamente podermos reelaborar superstições e mágicas que vêm mantendo até agora nosso mito da pretensa imortalidade, tão bem inserido em nossos fazeres e seres cotidianos.

Anna Veronica Mautner é cientista social, pós-graduada em Psicologia Social, ambas pela USP, e psicanalista, membro da Sociedade Brasileira de Psicanálise.

Entre suas múltiplas atividades, consta o jornalismo. Ela escreve artigos e reportagens sobre comportamento e psicologia para vários órgãos de imprensa.

Atualmente é colunista mensal do Suplemento Equilíbrio do jornal *Folha de S. Paulo*, além de continuar sendo uma profissional destacada como psicanalista.

Tem um livro publicado: *Crônicas científicas* (Escuta, 1994) e participou de várias coletâneas, entre elas, *Psicoterapias hoje* (Summus Editorial, 1982).

Leia Também

A ARTE DA PEREGRINAÇÃO
Para o viajante em busca do que lhe é sagrado
Phil Cousineau

O objetivo de Phil Cousineau, com este livro, é o de ajudar o leitor a criar sua própria peregrinação para algum lugar que lhe seja sagrado ou inspirador. Esse lugar tanto pode ser Jerusalém, Roma, o seu estádio de futebol favorito ou a casa de seu poeta predileto. Um livro que se reporta a histórias pessoais do autor em cerca de cinqüenta países e a mitos, parábolas e citações. Indicado para aqueles que têm se sentido frustrados na volta de cada viagem comum, pois estão em busca de algo mais significativo, que lhes preencha a alma. REF. 20654.

A AVENTURA DE ESCREVER
Confidências de uma escritora
Suzanne Lipsett

Memórias e conselhos de uma mulher que ambicionava ser escritora... e conseguiu. Com graça, coragem e excelente técnica, ela conta alguns episódios marcantes de sua vida e sua batalha para alcançar seu objetivo. Uma obra inspiradora, não apenas para escritores e aspirantes a, mas para todos os que cultivam o prazer da leitura. REF. 20519.

HISTÓRIAS QUE CURAM
Conversas sábias ao pé do fogão
Rachel Naomi Remen

Este livro esteve entre os dez mais vendidos nos Estados Unidos. São histórias sobre pessoas, contadas em tom intimista, como as antigas conversas nas mesas de cozinha, ao pé do fogão. Segundo Bernie Siegel, autor de *Paz, amor e cura* (Summus), "é um lindo livro sobre a vida, nossa única verdadeira mestra". Rachel N. Remen é médica e terapeuta, especializada em psico-oncologia e tem outro livro publicado pela Summus, *O paciente como ser humano*. REF. 20536.

NO MUNDO COM ALMA
Repensando a vida moderna
Robert Sardello

Nos últimos cem anos, a psicologia tem buscado curar a alma das pessoas. Agora, segundo o autor, psicoterapeuta e pensador, é hora de cuidarmos da alma do mundo. Ele analisa vários aspectos da vida moderna: arquitetura, dinheiro, cidades, medicina, tecnologia mostrando novas maneiras de usufruir disso tudo. REF. 20513.

VENCENDO O TEMPO
Viver bem após os 60
Eda LeShan
Um livro para pessoas de qualquer idade que começam a refletir sobre o envelhecer. Em tópicos curtos, com texto fluente e abordando assuntos desde os do cotidiano até os mais profundos, *Vencendo o tempo* traz sugestões de como dar mais qualidade ao caminho do amadurecimento. Sem ressentimento, mas também sem o artificial discurso "cor-de-rosa". A autora é psicóloga, tem vários livros publicados, e esse é fruto de sua experiência pessoal. Isto é, ela própria é uma senhora com bastante idade e vivências. REF. 20650.

SATO, O POETA NADADOR
Ana Figueiredo
Sato, um mestre no completo sentido da palavra, ensinou várias gerações de paulistanos a nadar bem. Mais do que isso, ele preparou seus discípulos para a vida. Ana Figueiredo recolheu vários trechos de suas falas durante anos e, com amor e dedicação, fez um livro-poema muito zen. Para as pessoas que conheceram Sato e para aquelas que anseiam por mestres. REF. 20718.

CELEBRAÇÕES
Rituais para momentos significativos
Tereza Halliday
Esse livro trata de rituais que podem ser praticados na vida comum, por todas as pessoas ou grupos, para celebrar e homenagear datas, sentimentos, começos e encerramentos. Recomendado para os eternos buscadores que sentem falta dos momentos de confraternização e da valorização dos atos simbólicos. A autora, doutorada em Comunicação Pública pela Universidade de Maryland (EUA), desde 1995 estuda e cria rituais autônomos. REF. 20785.

ASTROLOGIA PARA MULHERES
Análise de seus papéis e relacionamentos
Gloria Star (org.)
Coletânea de artigos de dez astrólogas abordando temas diferentes sobre a condição da mulher nesse mundo em transformação. O vínculo mãe e filha, o papel do pai para as meninas, o impacto da auto-estima, a amizade entre as mulheres e o celibato são alguns dos assuntos aqui tratados, sempre do ponto de vista dos astros. REF. 20791.

------------- dobre aqui ·-------------

> ISR 40-2146/83
> UP AC CENTRAL
> DR/São Paulo

CARTA RESPOSTA
NÃO É NECESSÁRIO SELAR

O selo será pago por

SUMMUS EDITORIAL

05999-999 São Paulo-SP

------------- dobre aqui -------------

O COTIDIANO NAS ENTRELINHAS

recorte aqui

CADASTRO PARA MALA-DIRETA

Recorte ou reproduza esta ficha de cadastro, envie completamente preenchida por correio ou fax, e receba informações atualizadas sobre nossos livros.

Nome: _____ Empresa: _____
Endereço: ☐ Res. ☐ Coml. _____ Bairro: _____
CEP: _____-_____ Cidade: _____ Estado: _____ Tel.: ( ) _____
Fax: ( ) _____ E-mail: _____ Data de nascimento: _____
Profissão: _____ Professor? ☐ Sim ☐ Não Disciplina: _____

1. Você compra livros:
☐ Livrarias ☐ Feiras
☐ Telefone ☐ Correios
☐ Internet ☐ Outros. Especificar: _____

2. Onde você comprou este livro? _____

3. Você busca informações para adquirir livros:
☐ Jornais ☐ Amigos
☐ Revistas ☐ Internet
☐ Professores ☐ Outros. Especificar: _____

4. Áreas de interesse:
☐ Psicologia ☐ Comportamento
☐ Crescimento Interior ☐ Saúde
☐ Astrologia ☐ Vivências, Depoimentos

5. Nestas áreas, alguma sugestão para novos títulos? _____

6. Gostaria de receber o catálogo da editora? ☐ Sim ☐ Não

7. Gostaria de receber o Ágora Notícias? ☐ Sim ☐ Não

Indique um amigo que gostaria de receber a nossa mala-direta

Nome: _____ Empresa: _____
Endereço: ☐ Res. ☐ Coml. _____ Bairro: _____
CEP: _____-_____ Cidade: _____ Estado: _____ Tel.: ( ) _____
Fax: ( ) _____ E-mail: _____ Data de nascimento: _____
Profissão: _____ Professor? ☐ Sim ☐ Não Disciplina: _____

Editora Ágora
Rua Itapicuru, 613 Conj. 72 05006-000 São Paulo - SP Brasil Tel (11) 3872 3322 Fax (11) 3872 7476
Internet: http://www.editoraagora.com.br e-mail: agora@editoraagora.com.br

cole aqui